ÉTRANGER DANS LE MARIAGE

Emir Kusturica fait partie des rares cinéastes à avoir obtenu deux palmes d'or à Cannes avec *Papa est en voyage d'affaires* et *Underground*. Il a publié chez Lattès en 2011 son autobiographie, *Où suis-je dans cette histoire ?*, traduite dans de nombreux pays.

EMIR KUSTURICA

Étranger dans le mariage

NOUVELLES TRADUITES DU SERBO-CROATE PAR ALAIN CAPPON

JC LATTÈS

Titre original :
STO JADA

ISBN : 978-2-253-09864-5 – 1re publication LGF

Que du malheur

Dragan Teofilović était surnommé Zeko – p'tit lapin – parce qu'il adorait les carottes, mais pas seulement. Ses grands yeux étaient capables de voir ce que peu de gens, à Travnik, remarquaient. Le 8 mars 1976, adossé à un réverbère, il était à cent lieues d'imaginer le tournant qu'allait prendre sa vie. Tandis qu'il fixait le néon qui s'allumait rue du 29 novembre, une question le chagrinait : pourquoi, depuis maintenant cinq ans, son père oubliait-il systématiquement que le 9 mars était son anniversaire ? Son père, Slavo Teofilović, capitaine de première classe, connu à Travnik pour les trente mètres carrés de petites dalles et les dix kilos de colle qu'il n'avait jamais payés à un ami, faute de savoir comment !

Alors que les garçons de son âge et de sa rue tapaient dans un ballon, que les officiers se préparaient pour le bal du 8 mars au foyer de la JNA[1], Zeko quitta le réverbère des yeux et reporta son regard sur le carrefour et le pont du chemin de fer.

Ah, songea-t-il, si je pouvais faire disparaître le 9 mars du calendrier, ma vie serait plus facile !

Mais ce n'était pas là sa seule souffrance. Voir jeter par les fenêtres des voitures des sachets vides de gressins, des paquets de cigarettes chiffonnés, et toutes sortes de déchets lui était carrément insupportable. Au même instant, il vit une *fića*[2] débouler à plus de 60 km/h, avec, sans nul doute, une désagréable surprise pour lui. On allait soit l'invectiver, « Qu'est-ce t'as à zieuter, pédé ?! », soit le bombarder de cochonneries. Un coup de klaxon, et par la vitre papillon jaillit une main qui balança un paquet vide sur lequel était inscrit « Bronchi, le ramoneur de la gorge » !

— 'spèce de crétin ! Pourquoi tu salis ma ville ?!

Il s'élança à la poursuite de la *fića* en brandissant le paquet d'une main menaçante, puis, chemin faisant, il ramassa d'autres détritus qu'il jeta dans un conteneur. Toutefois, cela l'apaisa de penser qu'autrefois, à ce même carrefour, la situation était bien pire.

Jusqu'en 1975, Ćiro, le conducteur du train qui passait sur le pont, actionnait le sifflet de la locomotive et expulsait une vapeur chargée de suie. Avec le

1. Jugoslovenska narodna armija : l'armée populaire au temps de l'ex-Yougoslavie. (Toutes les notes sont du traducteur.)

2. Diminutif de la Fiat 500.

vent, et en un rien de temps, toute la lessive étendue dans le voisinage se retrouvait maculée. Zeko refusait qu'il en fût ainsi sur le balcon des Teofilović. Certains jours, Ćiro aspergeait la rue tout entière pendant que des mains balançaient des ordures des voitures !

Que faire ? Descendre nettoyer la rue, ou se précipiter sur le balcon pour mettre le linge en lieu sûr dans la chambre ?

Aux pires moments, Zeko savait prendre la bonne décision.

Il abandonnait les ordures, fonçait sur le balcon rassembler les draps et les chemises de son père, et évitait ainsi à sa mère de s'énerver inutilement. Quant à la propreté du carrefour, ce serait pour plus tard.

Parfois, le vent le prenait de court et propulsait les détritus dans la Lašva, ce qui le rendait fou. La vision, au printemps, de sacs en plastique multicolores accrochés aux branches des arbres le long de la rivière lui était proprement insoutenable – ça lui rappelait les murs de la caserne Petar Mećava où servait son père. Il se ruait alors, armé d'un bâton, et rouait de coups le feuillage. Voyant son inefficacité à décrocher les sacs, qu'il déchirait et emberlificotait davantage, il s'acharnait à cogner encore et encore jusqu'à casser les branches.

Si on me voit, se disait-il, c'est sûr qu'on va me prendre pour un dingue !

Si la vie de Zeko était pénible, elle avait toutefois sa part de douceur. Il avait un confident auprès duquel s'épancher.

Dans une baignoire, mise au rebut dans la cave de leur immeuble de quatre étages et sous l'appartement des Teofilović, barbotait une carpe que le capitaine avait achetée en vue de sa *slava*[1] qu'il célébrait discrètement au mois de décembre. Sur le mur de béton au-dessus de la baignoire était clouée une planchette de bois sur laquelle était inscrit à la craie : « Que du malheur. »

Le frère aîné de Zeko, Goran, attendait fiévreusement que sonne l'heure où, enfin, il pourrait jurer sur la tête de son défunt père. Cette impatience faisait de lui une vedette, rue du 29 novembre. Pour cela, il fallait bien sûr attendre que le capitaine Slavo décédât. Dans ses conversations avec son cadet, Goran ne cachait pas combien la mauvaise volonté de son père l'exaspérait.

— Vivement qu'il crève, le vieux !

Mais Zeko ne partageait pas la cruauté de son frère.

— Il pense à tout, tu vois, répondit-il. Dès le mois de mars, il se procure le poisson dont il aura besoin en décembre. Chouette idée, non ?

— Tu parles… À l'œil, qu'il l'a eu !

— À l'œil… comment ça ?

— Fastoche. Il a magouillé avec le père d'un soldat pour que le fiston rentre à Novi Sad pour le week-end ! Tu piges vraiment rien, frérot !

1. Fête du saint patron de la famille chez les Serbes orthodoxes.

— Mais quoi ?

— Son cul qu'il vendrait pour avoir quelque chose gratos !

Zeko descendit à la cave à pas de loup, en s'assurant que personne ne traînait dans les parages. Il referma le soupirail et enfila un masque. Avant de s'immerger dans la baignoire, il appliqua le tuba contre sa bouche. Enfin, il enfonça sa tête dans l'eau, puis le corps. Seuls ses pieds dépassaient, encore accrochés au rebord, quand Milijana Gačić, championne d'échecs catégorie pionniers de la république socialiste de Bosnie-Herzégovine, pénétra dans la cave. La scène lui était familière. Ses pupilles bleu nuit au milieu d'un visage pâle encadré d'une chevelure noire, raide, soigneusement peignée à la prince Vaillant, la contemplaient depuis maintenant quinze jours. Seul lui échappait ce que le garçon et le poisson pouvaient bien se raconter. Milijana se perdait en conjectures. Comment en irait-il autrement quand l'inscription sur la planchette de bois dit « Que du malheur » ? Mais l'intelligente fillette ne cédait pas seulement à la curiosité. Depuis des jours, elle observait Zeko avec amour et circonspection. Il lui était souvent arrivé de le suivre à la trace à travers les rues et ruelles de Travnik ! Comme si elle tombait sous le charme sitôt qu'il apparaissait. Autant elle brûlait du désir de le regarder dans les yeux, autant elle appréhendait leur rencontre. Amoureuse, elle avait même maigri. Pendant ce temps, fidèle à son habitude, Zeko se confiait au grand poisson. De temps à autre seulement, la carpe ouvrait la bouche, pour lui signifier qu'elle avait tout compris. Zeko avait dit à son père avoir lu dans le livre russe *Tchevengour* que ce n'était pas par bêtise que le poisson se taisait.

— Chez les humains, avait répondu son père, c'est différent. Ce sont surtout les sottes qui se taisent. Le poisson n'a aucune raison de jaspiner. Il ne dit rien parce qu'il sait tout ; et non pas, comme certains le pensent, parce qu'il n'a rien à dire et qu'il est bête.

— Dans la famille, expliquait Zeko à la carpe, c'est dur. Goran n'espère qu'une chose : la mort de notre père. Et ma mère et mon père sont à couteaux tirés ; elle lui a dit qu'elle attendait que les enfants soient grands avant de le planter là et de filer sans laisser d'adresse parce qu'il ne s'occupe que de ses fesses. Moi, je vois les choses autrement. Mon père est un brave homme. Tu sais, la carpe, c'est drôle : vu de dehors, on dirait un dieu ; mais en dedans, c'est un malheureux. Il est comme un lit de soldat bien fait au carré, sur un matelas qui se déchiquette, tout mangé aux mites et par les souris. Dans mon esprit aussi, tout part en miettes, comme quand une souris entre dans un fromage !

Milijana était repartie à temps. D'ordinaire, à la fin de l'entretien, la carpe effectuait quelques sauts hors de l'eau, laissant croire à Zeko qu'elle était heureuse de n'être pas seule.

« Mars terrasse », disaient les anciens quand les premières neiges se mettaient à fondre. Peu importait si oui ou non, en Bosnie-Herzégovine, une kyrielle d'habitants ne survivaient pas au brusque passage de l'hiver au printemps, Zeko détestait le mois de mars. Il avait bien compris qu'on oubliait son anniversaire à cause du 8 mars, la journée de la femme. Pourtant, au cours du déjeuner, il avait relancé le débat qui s'en était allé à rebours :

— Pourquoi il n'y a pas de fête des hommes ? avait-il demandé à sa mère, Aida.

— Parce que pour les hommes, la fête, c'est tous les jours.

— Mais pourquoi le 8 mars plutôt qu'un autre jour ?

— Pour permettre à Slavo d'oublier ton anniversaire ! avait ricané Goran.

Et, cette année encore, la famille Teofilović était partie faire la solennelle promenade du 8 mars. Aida et Goran ne pipaient mot, convaincus que c'était préférable : à la moindre parole prononcée, Slavo dégainerait pour le moins cent théories capables de démonter tout ce qui se serait dit ! Soudain, Zeko dévala le remblai pour aller patauger dans la Lašva. Et il se retrouva au milieu du courant, avec de l'eau à la hauteur des chevilles. Il espérait capter ainsi l'attention de son père.

— Pourquoi les habitants ne s'entendent-ils pas pour nettoyer la rivière, vu que c'est la seule que nous ayons ? demanda-t-il.

— Sors de là, tu vas attraper une pneumonie ! Non mais, il faut vraiment que tu te mêles de ce qui ne te regarde pas ?! s'écria Aida, horrifiée à l'idée d'avoir pour fils un premier de la classe.

— C'est qu'il en a dans le crâne, ce gamin !

Zeko aperçut un imposant rocher planté au milieu de la rivière. Indifférent à ce qu'avait dit sa mère, il fixait la surface de l'eau ridée par le léger vent et les petits cailloux qu'il entrevoyait à ses pieds.

Sous ces galets, pensa-t-il, il doit y avoir une grande barre rocheuse impossible à déplacer. Comme dans ma famille : on espère que ça va aller mieux, mais quelque chose de lourd nous rive au fond et nous empêche de bouger…

À la seconde injonction de sa mère, Zeko sortit de la rivière. Aida lui ôta ses chaussures, lui frictionna les orteils et lui réchauffa la plante des pieds de son souffle. Zeko attendait un geste de son père.

— Slavo, mon pauvre ami… Pourquoi ne serres-tu pas ton enfant dans tes bras ? Ça ne va pas te les arracher !

— C'est pas sain !

— Quoi donc, d'embrasser son fils ?

— Des virus invisibles ravagent le monde. Et pas seulement les Russes et les Américains, comme on le croit. Et c'en sera fini du monde !

— Si c'en est fini de ce monde-là, tu parles d'une perte ! Allez, prends-le dans tes bras…

Lazo Drobnjak, le colonel commandant la caserne Petar Mećava, souffrait de l'infertilité de sa femme Svetlana. Tout à cette épreuve, ils pénétrèrent ensemble dans le foyer de la JNA. Quand il comprit que la rencontre avec le capitaine Teofilović était inévitable, le colonel ravala sa colère. Certes, le militaire Teofilović lui tapait sur les nerfs, mais l'homme plus encore. Il savait que Slavo gardait chez lui les vêtements civils des soldats de Kragujevac afin que ceux-ci puissent se changer le week-end avant d'aller boire et lever des filles dans les bals. Naguère, tous filaient alors en ville, le plus souvent quand Slavo était de permanence à la caserne. Ce dernier facilitait peut-être l'expression d'un patriotisme local et l'attachement à une région, mais il entamait surtout la réputation de la caserne et de son commandant. À dire vrai, le colonel Drobnjak aurait pu pardonner à son capitaine de première classe son manque de responsabilité, mais l'homme l'insupportait. Un jour, pendant les manœuvres, sur les hauteurs de Golija, sans cesser de tourner son verre de vin entre ses doigts ni détacher les yeux d'une tache sur la nappe, il avait demandé :

— L'homme descend du singe, n'est-ce pas, Slavo ?... Selon toi, en quoi l'homme va-t-il se transformer ?

— Voilà une question pour ceux qui en ont dans le ciboulot ! Pas pour des biffins comme nous !

— Je pense que la prochaine évolution verra l'homme se transformer en cheval.

— En... cheval ?! Comment vous le savez, mon colonel ?

— À te regarder, Slavo. Pour moi, ça ne fait pas l'ombre d'un doute.

— À me regarder... moi ?

— Tu es un cheval, Slavo, et un vrai ! Du haras… ah ! ah ! ah ! De Lipica. Un cheval de parade…

Le colonel s'était mis à hennir. Il avait ri et toussé si fort que, l'instant d'après, il avait manqué de s'étouffer. Alors on l'avait embarqué dans une *campagnola* et conduit à l'infirmerie pour le placer sous oxygène et réguler sa respiration.

Slavo n'était pas demeuré en reste. Il avait débité des tas d'histoires sur le compte de Drobnjak, surtout à son *kum*[1] qui travaillait pour le KOS[2]. Et, chaque fois que le colonel croisait le capitaine dans la caserne, il se mettait à hennir, plus ou moins fort selon son humeur.

Pendant qu'ils gravissaient le large escalier menant à la grande salle du foyer de la JNA, Drobnjak divertissait les Teofilović : il hennissait, tel un cheval. Un sourire amer jusqu'aux oreilles, Slavo voulait croire que ni Aida ni ses enfants ne savaient de quoi il retournait.

Le tournoi d'échecs que le grand maître Gligorić disputait en simultanée contre les militaires et les civils de Travnik forçait le respect et le silence : aucun bruit sinon celui des pas sur le parquet grinçant et le choc des pièces sur les échiquiers. Parmi les joueurs disposés en cercle se trouvait Milijana Gačić. Elle croisa le regard de Zeko à l'instant où Gligorić déplaçait une pièce. Elle baissa les yeux, s'empressa

1. Le témoin à un mariage serbe orthodoxe.
2. Le service de contre-espionnage.

de parer, et son regard s'envola de plus belle vers Zeko. Lorsque le grand maître s'aperçut qu'elle jouait au petit bonheur et ne perdait pas le garçon des yeux, il laissa ses doigts en suspens au-dessus des pièces, joua vite le coup suivant, et passa à la table d'à côté. Décontenancé de sentir le regard de Milijana posé sur lui, Zeko fila à l'autre bout de la salle, vers le podium où se regroupait la chorale de l'école. C'était l'occasion rêvée pour faire connaissance, Milijana le savait. Elle quitta la table, traversa la salle à toutes jambes, et arrêta Zeko à l'instant où il posait le pied sur l'estrade.

— Je te connais, toi !

— Tu parles d'un exploit !

— Et depuis longtemps, encore !

— Qu'est-ce que tu veux que ça me fasse ?!

— Tu me plais.

— Qu'est-ce que tu me chantes ?! Tu vois pas que tout le monde nous regarde ?!

Zeko se fondit dans la chorale et Milijana regagna sa table où Gligorić l'attendait en souriant. Le grand maître s'étonna. Il étudia l'échiquier, il n'en croyait pas ses yeux – vu la position des pièces sur l'échiquier, la partie était nulle ! C'était un pat ! Quand il en fut pleinement convaincu, il battit des mains. Toute l'assistance applaudit l'exploit réalisé par Milijana Gačić – tout le monde sauf Zeko qui, caché au dernier rang de la chorale, attendait avec impatience que débute la séance solennelle et que l'on entonne l'hymne national « *Xej, Slaveni* ».

Le 9 mars 1976, Aida Teofilović se réveilla avec une forte migraine – conséquence du mauvais vin et de la scène faite à son mari la veille au soir au foyer. En cette journée de la femme, elle en avait profité pour lui servir la liste complète de tout ce qu'elle avait supporté les quinze dernières années. Elle ouvrit délicatement la porte et pénétra dans la chambre des garçons. Une fois le store remonté, la lumière inonda la petite pièce. Zeko s'assit vivement dans son lit, ouvrit les yeux, et s'écria en louchant :

— Je vais encore être en retard à la première heure de cours !

— Mais non, petit sot ! On est dimanche, et c'est ton anniversaire.

Avec une caresse sur les cheveux, elle lui offrit son cadeau.

Tout en se dirigeant vers la cuisine, Zeko enfila le pull bleu ciel tricoté à la main. Son reflet dans le miroir le fit sourire. Dans la cuisine, Goran lui remit son cadeau : des bâtonnets chocolatés dans du papier ciré. Sans attendre, Zeko fila acheter du pain vingt mètres plus bas dans la rue.

Aida courut jusqu'à la porte avec un coupe-vent.

— Tu vas t'enrhumer, enfile quelque chose ! Il fait froid !

De retour avec le pain, Zeko s'en coupa aussitôt un quart qu'il fourra avec les bâtonnets – les cinq. Du pain au chocolat. Son régal… Il planta ses dents dans son cadeau d'anniversaire, et s'exclama :

— Y a rien de meilleur au monde !

Après le petit déjeuner, il s'activa. Dimanche ou pas, ce qu'il avait à faire devait suivre un ordre particulier. Allumer la lampe à pétrole était tout un art. Régler l'arrivée et la sortie d'air n'était pas une tâche des plus faciles. Il fallait souffler dans le petit tube avec la bouche. Du coup, le chocolat de son cadeau d'anniversaire prit un goût de pétrole. Il remplit le récipient de la lampe et, tandis qu'il se demandait intérieurement si son père allait une fois de plus oublier son anniversaire, une goutte de pétrole tomba sur le cadeau de sa mère.

Aida, là, c'est sûr... Tu vas avoir un coup de chaleur ! se dit-il.

Il se pencha dans la cuisine tel Charlot pointant le nez à l'angle d'une maison, son bras bien caché pour que sa mère ne voie pas la tache qui s'étalait sur sa manche.

Depuis que son père avait acheté une warburg, les voisins du premier avaient constaté que les moustiques avaient disparu dans les alentours de l'immeuble. Quand le moteur à deux temps démarrait, il dégageait un tel nuage de fumée qu'il occultait le rez-de-chaussée et trucidait tout insecte jusqu'au premier étage. Slavo soutenait que les choses n'étaient jamais suffisamment propres et qu'une nouvelle warburg flambant neuve ne devait pas se quitter des yeux.

La warburg était à sa place, et Zeko bien décidé à vanter une fois de plus la sagesse de son père.

— Ce que Slavo peut être futé ! Il gare la voiture sous le réverbère, pile poil dans la lumière ; et à voir la lumière, les voleurs décampent !

— Dis-moi, frangin… T'es con ou tu le fais exprès ?

— Con… moi ?

— Slavo est un crétin !

En ce jour d'anniversaire, l'heure était maintenant venue de se confesser à la carpe. Zeko était en bas de l'escalier et, devant l'entrée de la cave, Milijana lui barrait le chemin, un bouquet de roses blanches à la main.

— Joyeux anniversaire !

— Qu'est-ce que la championne d'échecs de la république socialiste de Bosnie-Herzégovine fabrique à « Que du malheur » ?

— La question n'est pas là.

— Et elle est où, la question ?

— Je t'adore et je te souhaite un bon anniversaire. Je suis prête à tout pour toi.

Aussitôt dit, la fillette s'éclipsa. Zeko n'en revint pas, il s'apprêtait à mettre certaines choses au point avec elle. Nul n'avait le droit d'entrer à « Que du malheur ». Pas même son père, dont il cherchait depuis si longtemps à gagner l'amour. Mais pour une simple petite caresse ou un baiser, il serait prêt à passer outre. Penser à la construction de leur maison de campagne à Donja Sabanta donnait le vertige à Zeko.

La warburg était trop petite pour transporter tous les matériaux nécessaires. Un dimanche sur deux, quand Slavo n'était pas de permanence, les Teofilović prenaient la route de la Serbie. Près de Sarajevo, la voiture faisait déjà une halte, et le père rassemblait blocs de béton, briques cassées, ciment, tuiles dont d'autres s'étaient débarrassés, et en bourrait la malle arrière à ras bord. Non sans peine, il refermait le capot et, sitôt arrivé au dépotoir suivant, il chargeait Aida, Goran et Zeko de pleines brassées de matériaux les plus disparates. Pour les Teofilović, l'arrêt au café Semafor dans la montagne de Nišića n'était pas vécu comme une pause normale. Commandés par Slavo, ils avaient l'impression d'être ses fantassins et vivaient le trajet jusqu'à Donja Sabanta comme une opération militaire. Aida, Goran et Zeko descendaient de voiture, titubaient, toussaillaient, et peinaient à retrouver leurs esprits. Avec prudence, ils déchargeaient les matériaux et les dissimulaient derrière les W.-C. à la paysanne en espérant bien que personne ne viendrait les voler avant leur retour.

L'autoroute Belgrade-Niš était un véritable casse-tête pour Slavo. Quand il apercevait un dépôt intéressant, il rechignait à freiner brusquement de crainte de provoquer une collision en chaîne. Puis, comme pour une expédition en temps de guerre, il stoppait la voiture et, avec l'impétuosité du combattant montant à l'assaut, commettait l'infraction – prêt à mourir, il engageait la marche arrière. En temps de paix, c'était là pour le capitaine de première classe des instants de grande excitation. Tandis qu'il reculait ainsi, il imaginait plus facilement ce matériel de construction enchâssé dans les murs de sa maison de campagne. Assis de trois-quarts, le regard rivé au-dessus des matériaux et de la tête de ses proches, il laissait la warburg zigzaguer et maintenait néanmoins la trajectoire jusqu'au dépôt repéré. Alors, tel un éclaireur devant sa mission accomplie, Zeko laissait éclater sa joie :

— Là, 'pa ! Une foule de matériaux… et solitaire !

Levant la tête du tas de briques cassées, Aida et Goran échangeaient un regard étonné :

— Une foule… solitaire ?!

— … Oui, là !

Zeko indiquait l'endroit et cherchait dans le rétroviseur le clin d'œil de son père, qui le récompenserait du succès de sa mission.

Une fois la « foule solitaire » enfournée dans la warburg, la voiture se transformait en sous-marin qui risquait à tout moment de s'échouer au fond de la mer et de priver ses occupants d'oxygène. Aida voyait le regard de Goran et de Zeko se troubler et, au prix de grands efforts, elle parvenait à libérer une de ses mains pour descendre la vitre. Les difficiles conditions de ces voyages en marche avant, puis en marche arrière, leur faisaient perdre à tous la notion du temps. Quant à celle de l'espace, mieux valait ne pas en parler. Quand le nombre d'allers et de retours dépassait ses espérances, et que la langueur gagnait les siens, Slavo en venait aux citations :

— « Deux pas en avant, un pas en arrière. » Ainsi parlait le grand Lénine !

Mais, selon l'estimation d'Aida et de ses fils, la famille effectuait plutôt deux pas en avant, deux pas en arrière ; ou, pour être plus exact encore, et à l'évidence, aucun déplacement. À leur arrivée à Donja Sabanta, ce compte n'était faussé que par de brèves embrassades avec grand-père et grand-mère, les parents de Slavo, et le temps nécessaire à Slavo pour accrocher au mur de la maison de campagne une pancarte datant de la Seconde Guerre mondiale annonçant : « Mines. Danger de mort. »

Car il redoutait par-dessus tout d'être cambriolé.

Ensuite, le capitaine fonçait pour rentrer à Travnik prendre son service. Dans le souvenir de Zeko et dans la vitre arrière de la warburg, il ne restait plus que le regard triste de la mère de Slavo, et la bénédiction de son père devant le départ de leur fils, leur bru, et leurs petits-enfants. Lorsque la grand-mère avait balancé un jambon dans la warburg, et dans la tête de Zeko, le temps s'était mué en tourbillon.

Comme pour lui échapper, Zeko entra dans la cuisine en dissimulant la tache de pétrole qui maculait la manche de son pull. Il ressemblait à Vukotić, l'attaquant du Partisan de Belgrade qui baissait les manches de son maillot quand il était résolu à gagner un match. Aida lui annonça que son père avait dépêché un courrier militaire porteur d'un message.

— Il veut nous voir tous à la caserne d'ici une heure ! Il dit t'avoir préparé un cadeau.

— Non…

— Si tu ne me crois pas, lis…

— Goran prétend qu'hier soir tu l'as sacrément travaillé, fit remarquer Zeko.

— Enfile ta veste. Tu n'as rien à voir là-dedans.

— Peut-être, mais sans toi il ne se serait jamais rappelé l'anniversaire de Zeko !

— Arrête, Goran ! Il a écrit qu'il a préparé quelque chose d'inoubliable.

— J'ai comme dans l'idée que c'est… un vélo ! s'exclama Zeko.

Tout excité, les pommettes rouges, il s'engagea le premier sur la voie par laquelle Ćiro reliait naguère Sarajevo à Travnik. Goran le suivait. Aida fermait la marche. Elle était heureuse : son mari allait enfin accéder au désir de son fils. Celui-ci, fébrile, ne parvenait pas à imaginer un quelconque cadeau.

— S'il a dans l'idée de se racheter, lança Goran, va falloir qu'il casse sa tirelire !

Zeko revit la photo que le frère de sa mère avait montrée : une voiture à pédales.

Ou alors…, se dit-il, un avion qui se remonte avec un ressort, qui décolle et atterrit comme ça, comme une fleur. Ou, pourquoi pas, un bébé chien-loup…

Aida suivait avec difficulté. Depuis le bal de la veille, elle se sentait barbouillée ; l'excès de boisson et tout ce qu'elle avait lancé à la figure de Slavo.

— Les hommes, faut leur en coller plein le pif ! répétait-elle.

Sans jamais perdre le sourire pour autant.

— ’tendez, les enfants… j’en peux plus… Pour l’amour du ciel, ralentissez !

On aurait pu croire que courir sur les traverses de la voie désaffectée était un jeu, une petite fête pour les Teofilović, un revirement que Slavo opérait dans leur existence en s’achetant une conduite et en offrant un cadeau d’anniversaire.

— Si c’est pas un voilier, au moins, y peut bien crever !

— Suffit ! s’écria Aida en balançant son sac pour frapper Goran, qui parvint à esquiver le coup.

Zeko songea que le trajet jusqu’à la caserne n’avait rien à voir avec leurs expéditions à Donja Sabanta. À tous points de vue, le temps s’écoulait sans être suspendu par les idées de son père ou de Lénine. Il était aussi audible que le vent qui bruissait dans ses oreilles. Un sentiment de douce anxiété envahissait son corps.

Un jeune soldat de première classe était en faction devant la caserne Petar Mećava. Lorsque les Teofilović arrivèrent à sa hauteur, il caressa les cheveux de Zeko avec un grand sourire.

Bon présage, songea le garçon.

— Comment allez-vous, camarade Aida ? demanda le soldat.

— Très bien. Nous travaillons pour la patrie !

Et elle désigna ses enfants.

Une *campagnola* les conduisit vers un hangar. Des pies voletaient dans le ciel au-dessus de la caserne. La voiture stoppa devant le hangar, le jeune soldat aida le héros du jour à descendre. La lourde porte du hangar s'ouvrit, le capitaine Slavo Teofilović apparut. Il montra quatre tanks T-84 à l'arrêt.

— Chère famille, sois la bienvenue !

Ravi, Zeko regarda son père.

Le cadeau va sûrement ressembler au feu d'artifice de la fête de la République ! se dit-il.

Soudain, le père attrapa fermement Zeko par la main et l'entraîna vers l'un des tanks. Le souffle court, le garçon fixait Slavo dans les yeux. Ils s'approchèrent de l'engin. Un soldat coiffé du béret de tankiste sortit alors la tête de la trappe qui perçait le blindage, s'ensuivit un énième salut militaire. Slavo décolla Zeko du sol et le passa au soldat, qui le récupéra de ses robustes bras, avant de le poser délicatement dans les entrailles du char. Zeko s'installa à côté du tankiste. Toute la famille vint se pencher sur la trappe. Zeko aperçut la tête de chacun s'y inscrire. Sans ciller, il suivit la main du soldat dans ses gestes, la regarda se lever et abaisser l'interrupteur sur le tableau de commande. Puis le soldat saisit fermement le bras de Zeko et lui indiqua le bouton rouge de mise en marche. Zeko interrogea son père du regard. D'un généreux coup de menton, Slavo acquiesça, et le garçon enfonça le bouton. Aussitôt, le moteur se mit à vrombir, Zeko sentit la puissance des chevaux-vapeur qui, malgré la cuirasse du blindé, firent vibrer tout son corps – le sien, mais aussi celui de chaque membre de la famille Teofilović. Soumis à une force incommensurable, tout tremblait, l'acier frémissait, Zeko tressautait, ainsi que ses joues, son cœur ! Sans qu'il sache pourquoi, l'image de Milijana Gačić lui apparut soudain. Au milieu des trépidations, devant ses yeux, se profilait Milijana ; la coiffure lui plaisait, ses yeux lui disaient que c'était bien les siens.

Slavo se tourna vers Aida, baissa les yeux vers Zeko, tendit le bras vers lui.

— Dragan, mon fils, joyeux anniversaire ! lança-t-il.

Le garçon n'entendit pas. Obnubilé par la puissance du moteur, il attendait son cadeau, pensant qu'appuyer sur le bouton rouge marquait le début des réjouissances. Il n'avait pas compris que la fête était terminée.

Les Teofilović s'en retournèrent chez eux en silence.

— Goran…, dit Zeko. Quelle va être ma vie avec de tels anniversaires ?

— L'année prochaine, t'y échapperas pas… T'auras le droit à tirer une fois au fusil à air comprimé !

— Ma vie est trop nulle…

Zeko se mit à courir sur l'ancienne voie ferrée pour cacher à son frère les larmes qui lui roulaient le long des joues et laisser les autres loin derrière.

La vie ne vaut rien, songea-t-il. Que du malheur, c'est tout…

Son cœur se réchauffait à mesure que le visage de Milijana Gačić y entrait. À vrai dire, Zeko dressait la liste de tous ceux qui l'aimaient, ce qui lui permettait d'en soustraire tous ceux qui ne l'aimaient pas. Pour tout bien clarifier. Sa mère ? Forcément, puisque c'est sa mère ! Son frère ? C'est un frère, et leur attachement ne se manifestait que lorsqu'il se faisait attaquer dans la rue. Alors, non. Son père ? Il n'aimait que lui-même. À retrancher. Ce qui faussait tout. Au bout du compte, ne restait que… Milijana. Et elle comptait pour du beurre…

Des aboiements montèrent d'une maison en bordure de la voie. Zeko s'arrêta et risqua un coup d'œil par-dessus la clôture. Tandis qu'il séchait ses larmes d'un revers de manche, un chien-loup était en train de se dépêtrer d'une chaîne grossière. Ne serait-ce pas l'un de ces chiens qui n'ont toujours pas accepté l'idée qu'ils ne seront jamais des loups ? Très grand, sale, avec une tête énorme, il grognait, l'air enragé. Il semblait dangereux – ce qui en soi ne signifiait rien. Flairant une présence humaine, le chien prit une impulsion sur ses pattes de derrière pour voir qui tentait de le prendre à revers, et resta sans plus d'appui sur le sol lézardé. Incapable de voir l'animal souffrir, Zeko se précipita et tira sur la laisse emberlificotée autour de l'animal. Celui-ci cessa de se tortiller et, dressé sur ses pattes, fit une brusque volte-face ; la gueule au ras du sol, il vint planter ses crocs dans le pied de Zeko. Le garçon hurla de douleur. Paralysé par la peur, il ne quittait pas des yeux la bête qui grondait toujours. La traction et la tension aidant, la chaîne finit par se rompre. Libre de toute entrave, les quatre pattes sur le sol, le chien avança vers Zeko qui reculait. Brusquement, le garçon perdit le contrôle de sa vessie et un flot d'urine dévala le long de sa jambe. Pas à pas, Zeko battait en retraite dans la cour, quand il entendit la voix d'Aida :

— Mais pour l'amour de Dieu, sors de là ! Vite !

Goran fut le plus efficace, il arracha une latte de la clôture, sur laquelle était fiché un grand clou. Mais alors qu'il s'efforçait de viser la tête du chien, ce dernier se précipita sur Zeko et le mordit une seconde fois ; à la fesse gauche. Slavo, qui se tenait près de la clôture, observait la scène sans piper mot. Aida tira vivement Zeko par sa veste et, d'un seul coup, Goran enfonça le clou entre les yeux de l'animal.

— Il n'y a qu'un imbécile pour se faire mordre deux fois par un chien attaché ! décréta le capitaine Slavo.

De retour à la maison, après être passé par le dispensaire pour recevoir un sérum antitétanique, Zeko entendait toujours résonner la sentence de son père : « Il n'y a qu'un imbécile pour se faire mordre deux fois par un chien attaché ! » Il était convaincu que cette phrase avait un sens caché, mais il ne cherchait pas à le trouver. L'imbécile, c'était clairement lui, Dragan Teofilović. Et le pire, c'était que son père le pensait.

Ce soir-là, Zeko traînassa plus que d'ordinaire. Il s'éternisa dans la baignoire remplie d'eau chaude, prolongea le brossage des dents, puis l'examen dans le miroir. Enfin, il se coucha et, silencieux, fixa le plafond. À côté de lui, Goran lisait un illustré.

— La vie est-elle aussi immuable que le fond d'une rivière ?

— Qu'est-ce que tu baragouines ?

— J'ai vu ça aujourd'hui. Quand le vent souffle, il modifie la surface de l'eau, mais au fond, rien ne bouge.

— J'ai rien compris…

— Moi, je veux tout changer.

Goran ne perçut pas le désespoir de son petit frère, sinon il lui aurait parlé. Zeko attendit que tous soient endormis pour descendre à « Que du malheur ». La morsure du chien le faisait toujours souffrir, mais c'était de la roupie de sansonnet comparé à la douleur de son âme d'enfant. Vers minuit, une fois la maisonnée endormie et, avec elle, pratiquement tout Travnik, Zeko se releva. Sa décision était prise : il faisait sa dernière visite à « Que du malheur ». Il descendit dans la cave sans même vérifier les parages. Le vent soufflait le froid de la rive de la Lašva ; une odeur désagréable s'infiltrait par les soupiraux ouverts. Bizarrement, il repensa à la barre de rocher figée depuis des siècles au fond de la rivière. Il prit tout son temps pour ôter son pyjama, comme s'il espérait secrètement l'arrivée de quelqu'un pour l'empêcher de commettre une bêtise. Il se rappela tout à coup l'histoire de deux frères du quartier. Alors que le cadet s'était écrasé sur le bitume après avoir sauté du cinquième, son frère, mettant le nez à la fenêtre, s'était écrié : « Espèce de con ! »

Avant de lui cracher dessus.

Tout le monde dans la rue avait qualifié cet acte de bêtise. Et, à présent, il était déterminé à en faire une lui aussi. Il enleva son pyjama et fondit en larmes – mais elles ne le dissuadèrent pas pour autant. Il regarda l'inscription sur la planchette. « Que du malheur. » Grimpé sur le tabouret près de la baignoire, il plissa les yeux, il tremblait de tous ses membres, de froid et de peur mêlés. De plus en plus intensément à mesure que les secondes s'égrenaient. Dans le cas contraire, peut-être serait-il descendu du tabouret. Il jeta un regard circulaire et sauta dans l'eau, délogeant par la même occasion une des bûches sur lesquelles reposait la baignoire. Appuyée contre elle, l'armoire aux provisions d'hiver bascula, les portes s'ouvrirent, et les bocaux de condiments roulèrent sur le sol.

Alors que Milijana Gačić dormait tranquillement, une chose incroyable se produisit : un pot contenant des tomates se brisa, et celles-ci se mirent à dégringoler dans l'escalier en rebondissant devant sa porte d'entrée. Dans un demi-sommeil, Milijana passa machinalement un manteau sur sa robe de nuit, enfila ses chaussures, et se lança à la poursuite des tomates.

Sous l'eau, les yeux entrouverts, Zeko attendait l'instant où il suffoquerait. Immobile, la carpe le fixait, attendant ses confidences.

— *Il n'y a qu'un imbécile pour se faire mordre deux fois par un chien attaché !* Mon père a raison, déclara Zeko à la carpe, bien décidé à s'asphyxier.

Tandis que les bocaux de paprikas roulaient dans la cave et que le vinaigre inondait le sol, la petite fille, engagée dans la partie la plus cruciale de sa vie, déboula du rez-de-chaussée. Elle fonça droit sur la baignoire, vit la carpe battre de sa queue la surface de l'eau où flottait le corps nu de Dragan Teofilović. Le saisissant sous les aisselles, au prix d'un intense effort et d'un profond gémissement, elle sortit le corps inerte avant de l'étendre par terre. Allongé sur le dos, Dragan ne donnait aucun signe de vie...

Ce fut le 10 mars 1976, à une heure du matin, que Dragan Teofilović et Milijana Gačić échangèrent leur premier baiser. En vérité, il s'agissait davantage d'un bouche à bouche, de respiration artificielle. Ce fut le rêve de cette jeune fille amoureuse qui aida Zeko à revenir à la vie. Lorsqu'il ouvrit les yeux, il se mit à pleurer. Puis il sourit quand Milijana, une fois encore, appliqua ses lèvres contre les siennes.

L'amour oriente le destin au mieux, l'adversité n'est pas éternelle. Par le passé déjà, Dragan Teofilović avait connu des jours difficiles qui s'étaient effacés devant d'autres, plus doux et plus sereins. Milijana et Zeko passèrent l'été aux abords des rapides de la Lašva, dans la partie supérieure de son cours, à s'embrasser, à hurler leur bonheur, à marteler l'eau de leurs mains et de leurs pieds, à manger des sandwichs tartinés d'*ajvar*[1], à faire un sort aux cerisiers, puis à s'accrocher aux camions remplis de foin en criant leurs noms. Plus rien n'existait pour eux hormis passer la vie ensemble ! Quand ils n'étaient pas tous les deux, ce qui n'arrivait que la nuit, ils étaient tellement proches par la pensée qu'en réalité ils ne se séparaient jamais. À la fin de l'été, près d'un rapide, une étreinte leur fit perdre la raison et ils ne firent plus qu'un seul corps.

Si l'amour est le plus grand miracle dans une vie, s'il peut diriger des hommes libres, il ne peut malheureusement pas infléchir le destin d'un militaire de carrière. Le colonel Miloje Gačić fut muté à Skoplje le 14 juin 1977 – le vendredi noir de Dragan Teofilović. Son chagrin fut immense. Certes, il avait appris à vaincre les tourments. Mais il savait qu'il n'allait plus pouvoir attendre chaque jour Milijana devant l'école, le matin à son réveil aller acheter les premières *kifle*[2] et, dans un sac, les suspendre à la poignée de sa porte. À quoi bon se raconter des histoires, son amour partait, la vie n'était décidément que du malheur. Mais à présent, il savait faire face.

Devant l'arrêt d'autobus, et malgré toute sa peine, Zeko sentait qu'il était désormais un homme. Tandis que le colonel Gačić chargeait ses malles et ses valises dans le bus, Milijana et Zeko se tenaient par la main.

1. Purée de piments, doux ou forts.
2. *Kifla* (singulier) : sorte de croissant.

Zeko voulut aider le débonnaire colonel qui, du bras, lui désigna sa fille :

— Allons, il n'est plus temps de faire des bêtises !

Les deux enfants s'embrassèrent tant et tant derrière l'autobus qu'un policier passant par-là agita un index réprobateur. La mise en garde restant inopérante, il exigea leurs papiers d'identité.

— Nous sommes mineurs. Nous n'en avons pas…, répondit Milijana, sans décoller ses lèvres de celles de Zeko.

— Comme je t'aime ! dit Zeko.

— Moi aussi. Plus que tout au monde !

— Je te dois la vie.

— Tu ne me dois qu'une chose.

— Quoi ? Dis-moi…

— Une promesse… Tu la tiendras ?

— Juré !

— Promets-moi qu'un jour tu me retrouveras.

— Quand ?

— Peu importe quand, peu importe où…

— Le jour où je te retrouverai, je t'épouserai !

Le klaxon enroué de l'autobus et le nuage de fumée répandu par le pot d'échappement percé qui se mêlait à la poussière de la route furent la mise en son et en image de la disparition de Milijana Gačić.

La bêtise qu'il avait envisagée avait enseigné à Zeko à faire la part des choses et à apaiser ses sentiments, chaque fois que le chagrin ou le cafard le prenait, quand bien même ils étaient insupportables. Du reste, s'il avait dans l'idée de recommencer, Milijana n'était plus là pour le sauver !

La mutation de son père à Mostar vint mettre du baume sur sa peine. Quelle vie aurait été la sienne à Travnik sans Milijana ?

Après l'école, Zeko aimait venir s'asseoir au bord de l'impétueuse Neretva, regarder les rapides et envoyer des messages d'amour dans une bouteille. À la différence de la Lašva, la Neretva éveillait en lui des sentiments et des pensées d'une autre gravité : verte, profonde, sa surface était perpétuellement changeante, au-dessus d'un lit fait de rochers solidement enracinés, immobiles depuis des milliers d'années. Que la vie puisse l'emporter dans un formidable courant, et le vent, qui ressemblait au désir, lui apporter du neuf et changer radicalement sa vie, voilà quels étaient ses souhaits ! Exactement comme les courants et les vents modifiaient la surface de la Neretva. Quand il retrouverait Milijana, se consolait-il, la vie serait alors éternelle, inaltérable.

Mostar fut également le révélateur d'un nouveau trait de caractère de Zeko. Après sa « bêtise », il n'avait certes plus échangé un seul regard, et encore moins un mot, avec son père, mais il n'en avait pas moins hérité de Slavo ses capacités d'organisation et sa rigueur militaire. Quand le rockeur Ljubiša Racić vint chanter à Mostar, Zeko l'assista pour mettre le concert sur pied. Et ce fut pour lui le début d'une nouvelle vie. Pour se faire remarquer sans être sur le devant de la scène, le travail de *roadie* dans le monde du rock'n'roll était parfait. Il ne se passa pas un seul concert sans que Zeko servît de bonne à tout faire, d'organisateur dont on mentionna le nom même à Sarajevo. Et quand le groupe Zabranjeno Pušenje[1] se produisit au Kulušić, il fut du premier concert et s'y montra à son avantage.

La nouvelle affectation de Slavo Teofilović coïncida avec le terme de sa carrière militaire. Elle fit suite aux préparatifs pour la réception à Mostar du camarade Tito. Slavo avait rapporté de la caserne un grand drapeau yougoslave.

— Fixez-le-moi solidement à l'angle du bâtiment !

Zeko et Goran s'exécutèrent docilement. Leur père avait prévu de saluer solennellement le maréchal de son balcon. Ainsi fut fait. Trois jours plus tard, la famille Teofilović en tenue d'apparat était au garde-à-vous sur le balcon. Tout se déroula selon les ordres du capitaine de première classe. De sa Mercedes décapotable, Tito aperçut un drapeau mis à l'envers et interrogea Džema Bijedić :

— C'est quoi, ça ?! Bon Dieu, on n'est tout de même pas arrivés en Russie !

La sanction disciplinaire qui tomba pour le drapeau accroché à l'envers ne fut pas le seul événement qui conclut une carrière militaire peu glorieuse. Elle acheva également la vie commune de la famille Teofilović. Après que Slavo eut quitté son uniforme, ses disputes avec Aida entamèrent leur épilogue.

1. « Interdiction de fumer ».

L'appartement avait été partagé. Au milieu du séjour se dressaient les armoires qui divisaient l'espace commun en deux parties – Aida et les garçons vivaient dans l'une, Slavo dans l'autre. Dès que celui-ci apparaissait, Aida clamait sa désapprobation. Placide au début, elle finissait généralement par hurler que le capitaine de première classe Slavo Teofilović lui avait pourri la vie. C'est alors qu'elle prenait la mesure du fiasco de son existence, et elle explosait. Slavo restait impavide ; il n'éprouvait qu'indifférence à l'égard de sa femme et de ses enfants. Un jour, il sortit acheter des cigarettes et ne rentra pas. Il était parti rejoindre sa maîtresse à Skoplje où il ouvrit une entreprise de peinture qui lui fut d'un bon rapport.

Où qu'il se présentât avec ses ouvriers, il entamait la conversation par un « Qui vous a fait un bazar pareil ?... ». Et, sans attendre de réponse, il poursuivait : « Va falloir au moins trois ponçages si vous voulez que ça ressemble à que'que chose ! »

Le visage impassible mais le verbe haut, Slavo avait une grande force de persuasion.

Tout comme en 1976, alors que, fixant l'éclairage au néon, il se désespérait de ne rien recevoir de son père pour son anniversaire, Zeko était assis au bord de la Save, en cette année de guerre 1993. C'était un dimanche et il berçait sa fille Svetlana. Une juriste de Belgrade, Zvjezdana, lui avait donné cette jolie petite blonde. Calme et gentille, Zvjezdana supportait stoïquement les fréquents déplacements de Zeko. Il avait fait sa connaissance lors du premier concert à Belgrade du groupe Zabranjeno Pušenje. La veille de leur mariage, le *roadie* avait toutefois déclaré à sa future épouse :

— Tu me plais, je veux que tu sois ma femme. Sauf que…

— Sauf que… quoi ?

— Si Milijana Gačić réapparaît, c'est râpé …

— Ça ne risque pas !

Zvjezdana ne prenait pas vraiment Zeko au sérieux. Pourtant, elle pressentait qu'un homme aussi dévoué et attentif que lui pouvait surprendre son monde par des décisions aussi inopinées qu'incroyables.

Le plus infime souffle de vent modifiait la surface de la rivière et, en ces torrides soirées d'août, les courants rappelaient que rien, ni les pierres de la forteresse du Kalemegdan ni la ville tout entière n'avait la permanence et la solidité qu'il y paraissait. Mais peu importait si, profondément, sous la surface, l'assise demeurait indestructible.

En réalité, la forteresse et la ville sont ancrées dans le lit de la Save, songeait Zeko, et leur reflet dans la rivière est exactement comme ma vie. Tout ondule sur l'eau, naît et disparaît dans l'existence, tout comme cette image se dissipera bientôt avec le coucher du soleil ; seuls alors les réverbères brilleront sur la rivière. Ce que nos yeux voient est souvent séduisant ! se disait-il. Survivre, sinon, serait impossible. Car l'homme ne se repaît pas de vérités cruelles et de règles immuables, mais de l'espoir que surviendront les changements auxquels il croit. Soit. À ceci près cependant que la vie n'est pas faite d'illusions et d'espoirs…

C'est sur cette réflexion qu'en ce dimanche d'août 1993 Zeko entra dans la rue Knez Mihailova en poussant le landau de sa fille endormie.

Depuis l'effondrement de la Yougoslavie, son travail de *roadie* était peu à peu remplacé par celui d'organisateur de campagnes de propagande politique et électorale. Zeko regrettait la disparition du rock'n'roll. Et, quand il rentrait de mission, c'était rue Knez Mihailova qu'il aimait se promener car il pouvait y croiser des visages connus, des gens de l'ex-Yougoslavie. La guerre perdurait, et Zeko était heureux de rencontrer un compatriote de Mostar, de Travnik, ou de Sarajevo. S'il ne le connaissait pas personnellement, il le saluait de la tête ; autrement, il s'épanchait inlassablement. En réalité, Zeko était nostalgique du temps passé même si sa vie et son enfance ne lui inspiraient guère de regrets. Malgré tout, il reconstruisait cette période avec exaltation – particulièrement l'année 1980, quand les idées de révolte et de foi en un monde meilleur venues de l'Ouest avaient embrasé la Yougoslavie ; puis, après la mort de Tito, celle de liberté.

À l'autre extrémité de la rue Knez Mihailova, un tramway passa bruyamment, découvrant la vue sur le parc du Kalemegdan. Zeko poussa lentement le landau où sa fille dormait toujours. Le soleil scintillait entre les branches des arbres quand il entendit une voix familière.

Que du malheur.

Zeko se retourna, aperçut une BMW qui freinait. Une des portières s'ouvrit et Milijana Gačić descendit de voiture. C'était une jolie femme élégante, aux cheveux raides. Lorsqu'elle ôta ses lunettes, Zeko reconnut ses grands yeux, son regard de femme vulnérable.

— C'est toi ?

— C'est moi !

— D'où diable viens-tu ?

— De Munich. Où j'habite, et où je joue aux échecs.

Bouleversé par cette rencontre et décontenancé par l'apparence de Milijana, par les bijoux de prix, sa montre en or, Zeko abandonna le landau sur le passage piéton pour se précipiter vers la voiture. Il serra Milijana passionnément contre sa poitrine. Si fort qu'elle en perdit la respiration. L'instant d'après, l'émotion des retrouvailles se mua en terreur : le landau était en train de dévaler la rue Karađorđe ! La jeune femme tendit le doigt, Zeko se retourna et s'élança à la poursuite du landau. Avec Milijana sur les talons. Qui dira comment, cet après-midi-là, la catastrophe fut évitée ? En réalité, c'était la seconde fois que cette femme surgissait dans la vie de Zeko, en salvatrice.

C'était un dimanche, dira-t-on, il y avait peu de circulation. Mais, en un centième de seconde, Milijana rattrapa la fillette éjectée du landau qui venait de percuter un muret. Zeko fondit en larmes, incapable de dire s'il pleurait de soulagement d'avoir évité un malheur ou de bonheur d'avoir retrouvé la femme de sa vie.

Ils montèrent dans la BMW et, sans échanger un mot, prirent la direction de Bežanijska kosa. Arrivé en bas de chez lui, Zeko sortit la petite fille, la coucha dans le landau non sans l'embrasser, puis grimpa à toute allure au troisième étage, sonna, et redescendit l'escalier quatre à quatre. Tout comme à Travnik, quand, enfant, il sonnait chez les fillettes de son immeuble et que, sans leur laisser le temps de tourner la poignée de porte et d'ouvrir, il déguerpissait telle une balle pour se perdre dans la rue, tout tremblant de peur d'avoir été reconnu.

Enfin… c'est comme tu le sens

Quand le froid de février incarcérait la cuvette de Sarajevo, je partais à l'école, cuirassé. J'allais par les rues comme à travers la toundra sibérienne. Je connaissais les hivers russes par les histoires de mon père, Braco Kalem. Alors que ma mère, Azra Kalem, traitait l'hiver de bête, il ne cachait pas la passion qu'il éprouvait pour ce point lointain sur une carte de géographie. Le froid me forçait à me souffler dans les mains le peu d'air chaud que la bête n'était pas parvenue à geler. Je me réchauffais en me représentant mon père employé au Conseil exécutif de la RS de Bosnie-Herzégovine, agrippé au radiateur et brûlant du désir de voir la Sibérie. Moi, c'était plutôt l'envie de me transformer en prune, en poire, en pomme ou, à tout le moins, en cerise. Et, telle une poire, chuter dans l'herbe, ne plus rien avoir qui me fît souffrir, être ainsi libéré de ce cauchemar qu'était l'hiver, et pouvoir réintégrer la vie tranquillement une fois les conditions de l'existence améliorées – comme si cela se pouvait !

« Chute de la température, le mercure dans le thermomètre indique trente-trois degrés au-dessous de zéro. Nous vivons là, sans nul doute, l'hiver le plus rigoureux de ces soixante dernières années ! C'était Vuko Zečević, de l'Institut hydrométéorologique de Bosnie-Herzégovine… Vous avez entendu le bulletin matinal de radio Sarajevo… Chers auditeurs, il est maintenant exactement sept heures quinze, très bonne journée en ce 3 février 1971... À vous les studios pour l'émission *Partout à la ronde… entrez dans la ronde !*

Avec la baisse de la température, me vêtir se compliquait, les couches s'accumulaient, s'entassaient. Comme les difficultés dans le monde. Le speaker à la radio disait que la situation politique ne se tasserait pas de sitôt. Malgré sa défiance à l'égard de la politique, Azra croyait ce que disaient les journaux et la radio. Mais là, quelque chose m'échappait : je lui faisais remarquer que se tasser et s'entasser, ce n'était pas pareil, mais elle me rembarrait d'un revers de main.

— Les problèmes se tassent, et les difficultés s'entassent, comme les boîtes en carton ! insistai-je.

— Dis donc, toi… Tu es bien trop jeune pour en remontrer !

Je me tus. Treize ans, ce n'était pas un âge pour discuter. J'étais trop petit !

Le visage de mon père disparaissait sous la mousse à raser. Face au miroir, il balayait ses joues avec le blaireau, inutilement, me semblait-il. Il était en slip et maillot de corps, il n'avait pas froid. Première levée, ma mère était déjà habillée ; elle buvait son café et poursuivait sa discussion de la veille :

— À la faculté, ils vont nous accorder une augmentation, dit-elle.

— Formidable !

— Ce qui signifie : augmentation pour tous ! Et vous ?

— Le Conseil exécutif de la RS de Bosnie-Herzégovine fait exception.

— Vous êtes inscrits au budget, vous aussi. Vous allez être augmentés.

— Nous, non.

— Si. Mais tu veux me cacher combien tu gagnes.

— Comment ça, te cacher...

— Alors, dis-le ! Tu gagnes combien ?

— Suffisamment.

— Tu vois bien... Et en plus tu te fiches de moi !

— Mais pas du tout !

Mon père s'approcha et embrassa sa femme en abandonnant un flocon de mousse sur sa joue. Un simple baiser, et cette histoire de salaire s'envola de l'esprit d'Azra :

— Si tes brutes pouvaient au moins décréter l'état d'urgence !

— Mes brutes ? Qui donc, ma chérie ?

— Tes chefs au Conseil exécutif.

— Ça veut dire que moi aussi, je suis une brute ?

— Mais non ! Décréter l'état d'urgence n'est pas de ton ressort !

Il cessa de se raser, tourna la tête à 360 degrés, ce qui finit par mettre ma mère de bonne humeur.

— Mais arrête, idiot ! Tu vas te trouver mal ! Tu diras au président qu'on a dépassé les - 30, d'accord ? Et que les enfants vont geler !

La république de Bosnie-Herzégovine n'avait pas décrété l'état d'urgence. Azra, elle, ne tergiversa pas. Sous mon pantalon, en plus de l'incontournable pyjama, je dus encore enfiler un épais caleçon ! Une couche de plus qui s'entassait ! Ou, comme elle disait, qui se tassait.

Dans le couloir, je m'inspectai devant le grand miroir, je me tournai, je me retournai : de tous les côtés, c'était du pareil au même. À voir mes jambes torses, j'en conclus, amer, que jamais elles ne se redresseraient. Y avait-il un lien entre mes flûtes maigrichonnes et les quenottes que j'avais à la mâchoire inférieure ? Je montrai les dents et je reluquai mes jambes.

— C'est une vague de froid qui vient de Sibérie, la même qui a perdu Napoléon et Hitler quand ils s'en sont pris aux Russes, déclara mon père avant de s'inonder les joues de « pitralon ».

— Braco… s'il te plaît ! Un bulletin météo sans politique, c'est possible ? rétorqua Azra en se chaussant.

— Je ne te parle pas de politique, fit observer mon père en nouant sa cravate, je te dis les faits.

— Les faits… quels faits ?! s'étonna ma mère en enfilant son manteau.

— Le bulletin officiel de Vuko Zečević de l'Institut hydrométéorologique de Bosnie-Herzégovine.

— Il ne m'a pas semblé entendre Vuko mentionner Hitler et Napoléon dans son bulletin !

Les conditions climatiques sévères, telle la main qui tire un seau d'eau du puits, extirpèrent de ma tête des questions peu communes. Certaines me paraissaient relever de la philosophie pure. Au retour de l'école, un questionnement m'obnubilait : Qui suis-je, que suis-je, d'où viens-je, où vais-je ? Je m'en ouvris à ma mère.

— Tu es bien jeune encore, et déjà tu fantasmes. Ça n'est pas de ton âge !

Mon père exécrait les médiocres. Il se réjouit de voir que, pour moi, l'intelligence primait sur la beauté.

— L'illustre philosophe allemand Emmanuel Kant s'interrogeait de la même manière.

— Lui aussi vivait dans le trou du cul du monde ? demandai-je.

— Je l'ignore, mais lui ne disait pas de gros mots ! Pour l'instant, tu es encore bien jeune ; une fois grand, tu comprendras.

Azra n'aimait pas trop voir Braco, son mari, dans la cuisine. En réalité, elle bouillait de colère intérieurement ! Elle se fit néanmoins outrageusement aimable, posée, et retira le couvercle noir de la cocotte « pretis » qui, par quatre petits trous, expulsait en sifflant la vapeur sous pression. Braco jeta morceaux de viande et légumes dans le récipient avec une gestuelle digne d'Herbert von Karajan. Hormis la sieste, c'était la seule activité ménagère qu'Azra lui autorisait. Il s'en acquitta pour la récompense qui s'ensuivrait ; au sortir de sa sieste, il irait au café prendre un spritzer, activité connue sous le nom de code *treli-treli* – un litre de vin blanc et un litre d'eau gazeuse ! Azra, qui mettait la table, grommela à voix basse :

— C'est quand même cent fois plus simple quand je prépare une purée escalope hachée ! Quand il en a fini avec ses grands airs, c'est à moi, la bonniche, de nettoyer les projections de tomate sur la vitre, de décoller le hachis d'oignon sur la télé, et de gratter la viande hachée sur la porte !

— Après ma sieste, je pense descendre en ville prendre un café.

— Tu penses ? Non, c'est déjà décidé, et pas pour prendre du café !

— Mais ?

— Mais des spritzer !

— Qu'est-ce que tu en sais ?! Peut-être que je n'irai pas…

— Oh si ! Tu irais même si, Dieu nous en préserve, la Troisième Guerre mondiale éclatait !

— Sois sans crainte, c'est l'équilibre des forces qui prévaut dans le monde. La guerre froide !

— Pas chez toi !

— Tu exagères, Azraaa.

Cette réplique, systématique, l'aidait à trouver le sommeil. Braco y plongeait en répétant la seconde syllabe du prénom de sa femme. Ce long *raaa* l'endormait à tous coups. Je me demandais bien ce qui se serait passé si elle s'était appelée Jennifer. Car, ayant passé en Angleterre son année de spécialisation, il aurait très bien pu revenir de là-bas avec une fiancée. Et si son épouse, ma mère imaginaire donc, s'était appelée Kurt ou Nimour ? Ce qui aurait bien pu se faire aussi étant donné la grande estime de mon père pour le mouvement des non-alignés ! Il n'aurait pas pu utiliser la dernière syllabe comme berceuse : comment s'endormir avec *uuuurt* ou *mouuur* ? À bien y réfléchir, on mesure le peu d'air que les lèvres doivent laisser passer pour dire *Kurt*… Et ne parlons pas de *Nimour* ! Ce sont là des prénoms que l'on prononce au réveil ! D'où, dans les Balkans, l'obligation pour un homme, et même quand il ne s'en préoccupait pas trop, de bien envisager chaque détail avant de se marier ! Il n'y a là rien de vraiment spontané comme l'affirment les scientifiques de l'Ouest. Car même en s'endormant, Braco savait rester maître de son territoire. D'après lui, les premières secondes de sommeil étaient les plus agréables.

— Le cerveau commande alors l'écoulement d'un liquide sucré qu'il dirige droit sur la langue ! crânait-il, à l'en croire diplômé de biochimie et non sorti d'une école de journalisme.

Braco sommeillait sur le divan. Tout en faisant mes devoirs, je le regardais respirer : sa chemise se levait et retombait, en mesure. Soudain, l'idée qu'il pourrait manquer de souffle et mourir me traversa l'esprit.

Je ne quittai pas sa poitrine des yeux. Tout à coup, sa chemise ne bougea plus ! Sa poitrine restait inerte. Plus aucun mouvement. Il râlait en sourdine, il avait l'air d'étouffer !

Il respire ou pas ? me dis-je. Respire, respire pas, respire, respire pas, respire, respire pas… Mon père aurait-il rendu son dernier soupir ?

Pendant les premières secondes, je le regardai – sans rien éprouver.

Bien qu'il me parût mort, je demeurai assis, immobile. Puis je bondis de ma chaise, j'appliquai une oreille sur son cœur. Je fus soulagé de le voir rejeter longuement l'air de ses poumons et reprendre sa respiration saccadée.

Il respire !

Au réveil, Braco était du genre taiseux. Il peinait à revenir de ses rêves, et Azra évitait de se lancer avec lui dans une quelconque discussion.

Elle essaya cependant d'évoquer le grand froid mais, en vérité, elle voulait le garder à la maison.

— Qu'as-tu besoin de sortir ? Prends un livre, parle avec le gamin !

— Tiens, me dit-il. Donne-moi ta main. Vois donc…

Il plaqua ma main sur son cœur.

— … Sitôt qu'elle se met à me casser les pieds, je fais de l'arythmie !

— Voilà bien pourquoi je te dis ça ! Reste ne serait-ce qu'un soir, parle avec notre enfant !

— Avant-hier, je ne suis pas sorti !

— Forcément, il y avait un match à la télé !

Mon père se tenait sur le pas de la porte, et les larmes me vinrent. Je pleurai avec un temps de retard. Ce fut à ce moment-là que le chagrin me submergea, quand je repensai que Braco pourrait mourir d'un arrêt de la respiration. Je le regardai en me disant qu'un jour il mourrait pour de bon. Des larmes silencieuses glissèrent le long de mes joues, ce qui ne lui échappa pas. Ignorant les raisons de mes pleurs, et tout en enfilant son manteau, mon père me désigna du bras.

— Et voilà le résultat, Azra ! dit-il. Quel besoin as-tu de faire ça ?

Et il partit.

Dimanche. La température était en légère hausse. D'après Azra, la neige ne devrait pas avoir le droit de tomber le jour où les gens se reposaient. Mais les petits flocons blancs se fichaient bien de ce qu'elle pouvait penser, et ils ne laissaient guère entrevoir les peupliers derrière la fenêtre de la cuisine. Les arbres étaient figés, ce qui dérangeait ma mère tout autant que mon père qui s'affairait autour d'une nouvelle potée bosniaque !

Je fixai le couvercle noir de la « pretis » en écoutant gargouiller mes intestins. La vapeur sifflait, s'échappait des quatre trous. Un paquet de neige s'abattit sur l'escalier, provenant de la cime des peupliers… Ils avaient beau se dresser vers le ciel, l'hiver les rabaissait ; au sommet, ils étaient aussi voûtés que les frères Bambulić qui habitaient notre rue et qui étaient trop grands pour leur âge. Les peupliers faisaient penser à ces deux basketteurs qui, tout courbés après l'entraînement au FIS, filaient boire une bière chez Davor.

Tout à coup, le bouton noir cessa d'expulser la vapeur – le déjeuner était prêt. Azra était sur le point de soulever le couvercle quand Braco stoppa gentiment son geste. Il se pencha au-dessus de la cocotte ouverte, j'en fis autant, et, en fin de compte, nous inspectâmes tous les trois la potée bosniaque.

— Regarde, dit mon père, la viande se déchiquette. Comme l'âme.

— Comment la viande peut-elle se déchiqueter comme l'âme ?

— C'est une expression, monsieur le philosophe !

— Oui mais, en vrai, comment l'âme peut-elle se déchiqueter ?

— Sous les coups de la vulgarité du matérialisme.

— Alors, elle ne se déchiquette pas, c'est le vent qui la disperse, de la même manière qu'il emporte les chatons au printemps.

— T'es encore bien jeune. Rien n'est plus facile pour toi que de fantasmer. Mais la vie, c'est la réalité. Quand tu seras grand, tu comprendras !

Je voulus mettre un peu de piment dans la potée bosniaque ! Braco ne s'y attendait pas faute d'avoir su résister à une vague de vulgaire matérialisme. Il attaqua la viande. L'entendre mâchonner bruyamment me tapait sur les nerfs :

— Putain de bled ! dis-je.

— Et le voilà reparti ! Monsieur fait le raisonneur, mais jure !

— Ben quoi, c'est l'expression d'Azra, non ?... Et là, M'man, tu dis rien ?!

— Moi, je dis rien ? Mais si !

— Toutes les fois que tu as dit : « Mais qu'est-ce que j'ai fait au bon Dieu pour vivre dans ce putain de bled ? »

— Bah…, commenta Braco en balayant le sujet d'un revers de la main. C'est de l'histoire ancienne !

— Comment ça « de l'histoire ancienne » ?! rétorqua Azra tout en attisant le feu. Si on était des gens bien, on ne vivrait pas ici !

— Et tu dirais quoi si tu devais vivre en Sibérie ?

— En Sibérie, je ne sais pas. Mais ici, c'est pas une vie !

— Mais, bon sang, il te manque quoi, ici ?

— Ici, on ne mène pas la belle vie. Et à la fin on n'aura pas une belle mort, non plus !

— Et c'est quoi « avoir une belle mort » ?

— Je vais te le dire ! C'est mourir là où, après ton enterrement, les gens ne sont pas obligés de décrotter leurs chaussures !

— Et ils font quoi, à la place ?

— Si tu meurs là où les pins sentent bon, les gens auront des aiguilles et des galles qui craquent sous leurs pieds.

Braco aimait entendre Azra exposer sa façon originale de regarder le monde. Surtout parce que l'occasion lui était alors offerte, entre deux bouchées, de livrer le fond de sa pensée. Ce qui n'était pas de tout repos : parler ou manger, il fallait choisir. À qui le droit de préséance – la bonne bouchée ou la parole ? D'ordinaire, à la parole, mais la pensée était susceptible de divaguer, et la faim de dévorer la parole ! Quoiqu'on dise que la réflexion est de meilleure qualité quand on a le ventre vide, cela ne valait pas pour mon père. Il avait rarement faim, ce qui n'occultait en rien la clarté de son expression. Parler la bouche pleine était un art qu'il pratiquait de longue date. Et son refus de débiter des banalités, d'énumérer toutes ses misères le sauvait. Il ne s'égarait donc pas dans ses dires.

— Ce qui signifie que c'est un avantage de mourir à la mer ?

— Vivre à la mer est un avantage. Et, par conséquent, y mourir aussi !

— Quand on est mort, à ce que je sache, l'endroit où on est mort, on s'en fiche ! fis-je remarquer en m'immisçant dans la conversation.

— Tu as raison, Aleksa. On s'en tape !

— Allez ! Allez-y donc, avec vos arguties ! N'empêche que si on était du beau linge, on vivrait à la mer !

« Nouvelle baisse de la température. Le mercure indique trente-trois degrés au-dessous de zéro. 1971 est l'année la plus froide, et la vague glaciale qui recouvre notre pays nous arrive d'Ukraine et se maintiendra encore au moins une semaine… », annonça radio Sarajevo au début du bulletin météo de la mi-journée.

— Et ces brutes qui ne font toujours rien ! s'emporta Azra tandis que Braco dormait sur le divan.

Tandis que je regardais mon père respirer, je pensai à l'éventualité qu'il se dégonfle comme une vessie de ballon de football !

Il respire, ou il ne respire pas ? me dis-je. Respire, respire pas, respire, respire pas…

Cette fois, je ne me sentis pas obligé de bondir de ma chaise, même devant la poitrine immobile de mon père.

De nouveau, pendant quelques secondes, je fixai sa poitrine sans rien éprouver. Alors que ma mère faisait la vaisselle, mon cœur se mit à palpiter.

— Touche mon cœur ! lui dis-je.

— Ce n'est rien, tu es jeune et en bonne santé. Tes skis sont là, va donc skier.

Quelque chose me poussait à me décoller du poêle chauffé à blanc et à aller dehors, au froid. Comme si c'était moi l'amoureux de la Sibérie, et non mon père. Descendre la rue Jabučića Avdo et les courbes qui serpentent en direction de l'hôpital militaire constitue un sacré défi. Les skis syndicaux, avait dit Azra, sont « du dernier cri de la mode ». Moite de sueur après avoir enfilé mes chaussures et mis les fixations, je gravis la pente vers la maison des Lazarević. Loin de moi l'idée de faire comme les autres et de prendre l'escalier verglacé. Mais il me suffit d'entendre brailler les garçons de ma rue, de les voir, chacun selon ses capacités, qui sur une luge, qui sur des patins, qui à skis, pour qu'en un clin d'œil je change d'avis. Je n'aimais pas être à la remorque de l'événement.

Devant moi, deux garçons, plus jeunes, dévalaient la pente à toute vitesse, puis ils s'engagèrent dans l'escalier. De peur ou de contentement, ils hurlaient :

— 'tentioooon ! Garez-vooooous !

Ils parvinrent à éviter la collision et dépassèrent les lugeurs et les skieurs devant eux.

Mon cœur était sur le point de bondir hors de ma poitrine ! Comment me dégonfler ? Je fis l'œuf à la Jean-Claude Killy, et m'élançai dans l'escalier. Je voyais arriver sur moi l'entrée de l'hôpital militaire ! Au lieu de faire un christiana, mes jambes gardèrent la trajectoire. J'agitai les bras, en avant, en arrière, plusieurs fois. La rue Goruša était abrupte, verglacée, et le soldat en faction devant l'entrée de l'hôpital ouvrit le portail pour éviter que je m'y fracasse. Il me regarda passer comme une balle de fusil.

— 'gaffe, petit ! Tu fonces droit dans le fossé !

La cuisine de l'hôpital militaire était située au rez-de-chaussée. Je percutai le cuisinier qui déchargeait des pommes de terre. Propulsé à travers la fenêtre de la cave, ce dernier termina sa chute dans un grand baquet de haricots.

Mon cousin Nedo, le fils de mon oncle maternel, entendait mal et, du coup, parlait démesurément fort.

Il était chauffeur, et sculpteur à ses heures. Il avait de grosses paluches, aimait les femmes, et on disait qu'il faisait passer un sale quart d'heure, pire encore que dans une centrifugeuse, à toutes celles qu'il tenait entre ses mains. Il commençait ou terminait toujours ses discours par : « Enfin... c'est comme tu le sens ! »

— Va pas dire ça aux bonnes femmes, elles vont te prendre pour un bande mou !

— Je suis encore trop petit, j'ai rien à faire avec elles !

— C'est tout ce qui compte dans la vie d'un homme !

Pendant qu'Azra faisait la vaisselle, Braco en profita pour chuchoter à l'oreille de Nedo :

— Il philosophe trop pour son âge. Trouve-lui une fille !

— Dis-moi, Aleksa, la branlette, t'as déjà essayé ? me demanda Nedo.

— Hein ?

Je jetai un coup d'œil vers ma mère. Les couverts qui s'entrechoquaient, l'eau qui coulait du robinet l'empêchaient d'entendre ce dont nous parlions.

... Pour qu'après, on me traite de branleur ?! me dis-je.

— Faut bien commencer un jour !

— Non ! Je suis encore trop petit !

Nedo me prit à l'écart :

— Tu remplis la baignoire d'eau bien chaude, tu t'enfermes, tu te mets dans l'eau, et... *vas-y la droite* !

— Mais je suis gaucher ! répliquai-je, furieux.

— Enfin… c'est comme tu le sens.

Rouge de colère, furieux contre Nedo, je sortis en quatrième vitesse dans le froid. Sans plus envie de rentrer, j'étais décidé à attendre que Nedo soit reparti dans son camion FAP, aux plaques d'immatriculation rouges, de l'entreprise de bâtiment « Vranica ».

Plus tard cette nuit-là, de mon lit, je vis s'étaler sur le tapis l'ombre de la porte qui s'ouvrait. En levant les yeux, je pouvais voir la silhouette de mon père ; dans son dos, la lumière du couloir était restée allumée. Il s'approcha de mon lit et jeta un coup d'œil du côté de ma mère. Elle dormait, ses bigoudis dépassaient de la courtepointe.

— Mmm, me murmura-t-il, pile dans le tuyau de l'oreille. Ses rhumatismes… voilà pourquoi elle dit tant de bien de la vie à la mer. Mais on est pas de la petite bière, nous ! Des Yougoslaves qu'on est ! Et tu sais combien il y en a dans le monde ?

— Oui, je le sais !

— Tu veux que je te les dise ?

— Non, pas maintenant ! Demain !

Il se tenait trop près de moi. Les effluves d'alcool me donnaient la nausée, et comme il aimait en rajouter quand il se piquait de parler de notre Histoire, j'aurais été complètement soûl à force de l'écouter les énumérer tous !

Je m'étais endormi à la fin de l'hiver, et je me suis réveillé au printemps.

« La température est en hausse et le niveau des eaux des rivières yougoslaves est préoccupant... », annonça le bulletin de l'Institut hydrométéorologique. Suivaient un développement détaillé et une série de chiffres auxquels je ne comprenais rien.

Le printemps était arrivé, démentant Azra qui croyait dur comme fer que l'âge de glace avait pétrifié Sarajevo ! Cela se voyait à la cime des arbres devant notre immeuble, qui verdissait timidement. L'envie d'être une prune, une poire, voire une cerise, m'était passée. Derrière la fenêtre, les peupliers attendaient tranquillement le changement. Le vent ne soufflait pas fort, et le bruissement qui me parvenait aux oreilles ressemblait au frémissement de l'eau mise sur le réchaud pour le café. Tandis que des filles gravissaient l'escalier en mini-jupes, le printemps s'éveillait en moi. Chacune d'elles se distinguait non seulement par la longueur, la couleur et la coupe de sa jupe, mais aussi par sa rapidité à monter les marches. Celles qui allongeaient le pas dévoilaient davantage leurs jambes, mais ne suscitaient en revanche aucun émoi lorsqu'elles descendaient l'escalier. Dans une descente, quelque chose fait que le corps des gens devient répugnant.

J'allai chercher du bois dans le bûcher pour allumer la chaudière. Puis je tournai le robinet, remplis la baignoire d'eau bien chaude. Et j'emboîtai le pas à Nedo.

— Il va se passer quoi si on remplit la baignoire ?

— Rien. Enfin... c'est toi qui le sens !

La lumière de l'après-midi faisait scintiller la cime des peupliers ; un ravissement qui perdurait plusieurs secondes. Grâce aux éclairs que les genoux des filles avaient décochés dans ma tête et dans mon corps, le mercure du thermomètre grimpa de plusieurs degrés.

Les changements de saison – et surtout l'arrivée de l'été – perturbaient sérieusement l'équilibre psychologique de la famille Kalem. L'atmosphère était enjouée, les rides barrant les visages se révélaient, et pourtant les mines renfrognées disparaissaient. Pour mon plus grand plaisir. Le soleil aiguillonnait la volubilité des oiseaux et des gens. Azra était déjà à préparer le voyage prévu au mois d'août.

— Ah, mon Dieu… si je pouvais déjà y être ! soupirait-elle.

— Qui te retient ?

— On ne pourrait pas, pour une fois, y aller ensemble ?

— Tu sais bien que le docteur m'interdit la grosse chaleur à cause de mon arythmie.

— Alors, j'irai avec Aleksa.

— Je serais ravi de vous accompagner à Dubrovnik. Ah, après un bon bain, aller prendre une glace dans un café !

— Ça te sert à quoi de mentir ?

— De mentir ?

— Tu n'as jamais aimé la glace !

— Jamais aimé la glace… moi ?! J'en ai mangé à Prague, au Congrès de la Troisième Internationale, si tu veux le savoir ! Et en plein hiver ! Et toi, ma chère, tu ne sais même pas qu'on en mange aussi en hiver !

En réalité, Braco n'avait qu'une seule hâte : nous voir partir. Afin, et à cœur joie, d'engager ensuite l'opération *treli-treli* !

— … Tiens, voici un peu d'argent de poche pour Aleksa. Mis de côté sur mon treizième mois…

— Tu me prends vraiment pour une idiote ! L'adjoint d'un ministre se fait un sacré paquet… Pourquoi ne pas me dire une bonne fois, et très honnêtement, le montant de ton salaire ?

— Là, tu m'en demandes franchement trop !

Et la conversation se termina là ; un mot de plus et ça explosait. Pourtant, vu la façon dont Azra fixait Braco, il était clair qu'elle n'avait pas renoncé à l'espoir de percer un jour le mystère de ses émoluments de fonctionnaire.

Si jamais la bronzette était déclarée sport olympique, Azra serait médaille d'or. Dès notre arrivée à Dubrovnik, et avant même de défaire les valises, elle avait acheté de l'huile d'olive à l'homme qui nous louait une chambre. Elle m'en a d'abord entièrement badigeonné, puis s'en est enduite à son tour. Adossés à la muraille de la vieille ville, nous ressemblions à deux condamnés attendant le peloton d'exécution.

— On prend bien mieux le soleil debout, la vitamine D pénètre régulièrement jusqu'aux os, expliqua-t-elle.

— Ça veut dire que c'est mieux de mourir debout ?

— On oublie la mort pour l'instant, ce n'est pas le lieu.

— Mais tu disais préférer mourir à la mer plutôt qu'à Sarajevo !

— Non, vivre à la mer !

— Ce qui veut dire que tu aimerais aussi y mourir ?

— Gardons ces histoires pour notre putain de bled. Tiens, regarde là-bas…, dit-elle en montrant une boule de feu en train de disparaître au-delà de la surface de la mer.

Couchée sur un rocher arrondi, elle goûtait visiblement la chaleur. Braco avait raison. La philosophie d'Azra prenait naissance dans les particules de son sang où se développait le rhumatisme. La plante de mes pieds brûlant sur le rocher me le prouvait.

— Quand le soleil se lève et se couche, il faut le regarder dans les yeux.

J'aimais lancer des galets très haut dans le ciel. J'attendais qu'ils retombent, qu'ils fassent *plouf* dans l'eau. C'était pour moi comme un instant de vérité. Si l'on énonçait une vérité importante, alors elle faisait *plouf*. La guerre que se livraient mon père et ma mère sur l'endroit où vivre, comme le disait Azra, et sur celui où mourir ne faisait pas un *plouf*. Mais deux. *Plouf-plouf*. Deux *plouf* qui devaient se confondre en un seul, n'être plus qu'un qui gommerait toutes les différences.

À notre retour à Sarajevo, Braco me confia dans un murmure :

— Ne dis rien à ta mère, mais j'ai fait un infarctus…

— Le cœur ?

— Une vie pas facile, des situations qui te malmènent… Mais, je t'en prie, pas un mot à ta mère.

— Entendu.

Et je suis retourné à l'école. Découvrir ce qu'était un infarctus fut plutôt facile. Un copain de classe me l'expliqua :

— C'est rien du tout, un infractus. Sept qu'il en a fait mon grand-père !

Garder le secret m'était plus difficile quand je prenais un bain. Ça me tapait sur les nerfs de voir mon hâle si difficilement gagné partir avec l'eau de la baignoire. Mon atout maître au cours d'éducation physique fichait le camp dans la canalisation. Sous mon maillot d'athlète, il n'y aurait plus que des épaules pâles. Je ne ressemblerais pas à Abebe Bikila, le marathonien éthiopien.

— On dit infarctus ou infractus ? demandai-je à ma mère.

— Inf*arc*tus.

— Mon copain dit infractus.

— Inf*arc*tus. Mais quel rapport ?

— Aucun. Le père d'un copain s'est chopé un infractus.

— Inf*arc*tus !

— In*farc* ou in*frac*, si je continue à prendre autant de bains, plus personne ne croira que je suis allé à la mer.

— D'accord, plus de bains pendant quelque temps. Mais après la gym, tu n'y coupes pas !

— D'accord.

« Température en légère baisse, mais un front qui sera source d'instabilité nous arrive de l'Atlantique nord. Un temps changeant dominera cette semaine, mais, dès la semaine prochaine, une longue période ensoleillée est attendue… »

Vuko Zečević se montrait précis dans ses prévisions.

Nous étions dimanche, le peuplier savait que c'était jour de repos. Il ne se courbait pas comme de coutume au changement de saisons, quand ces dernières s'affrontent au corps à corps et que l'automne peine à s'installer dans notre fenêtre de cuisine. Les filles et les femmes en mini-jupes grimpant l'escalier se faisaient moins nombreuses. Elles portaient des manteaux, et regarder par la fenêtre ne présentait plus d'intérêt. Le temps me manquait pour observer les changements dans la nature. Les peupliers, quelle connerie ! À se courber plus encore et à ressembler à ceci ou à cela, ils m'apportaient quoi ?! Je gardais les yeux fermés ; et sous mes paupières défilaient les genoux qui, au début du printemps, paradaient devant la fenêtre.

— Tu vas provoquer une inondation ! cria-t-on de la cuisine.

— Enfin… c'est comme tu sens !

Tout en s'habillant, Azra regardait par la fenêtre :

— Plus rien n'est comme avant… Pas de printemps, et l'été en octobre. Si ça continue, on aura deux saisons dans l'année !

— Même tendance dans la société, enchaîna mon père sans attendre. Il n'y aura plus que des riches et des pauvres…

— Tu exagères !

— Qui vivra verra…

— Tu sais quoi ?

— Non. Quoi ?

— Si je viens à mourir demain, je ne saurai jamais combien tu gagnes.

— Mourir, ça viendra bien un jour ou l'autre. Mais savoir combien je gagne, jamais !

— Quel culot !

Je regardai par la fenêtre de la cuisine. Les nuages montaient à l'assaut au-dessus de nos têtes, puis il se mit à pleuvoir – Vuko Zečević avait tenu promesse. Puis le vent dispersa les nuages, et la pluie cessa. Les feuilles bruissèrent, tombèrent jour et nuit. Et le soleil revint.

Il suffisait d'un seul jour de soleil en automne pour que tout le monde clame en chœur que c'était l'été de la Saint-Martin. Un seul et unique jour, et notre putain de bled prenait des airs de station balnéaire.

— Si on avait l'Adriatique plutôt que le mont Trebević et la rivière Miljacka, alors ça vaudrait le coup de vivre ici, déclara ma mère, entonnant pour la énième fois sa vieille rengaine.

Même si elle aimait le soleil et l'histoire, incroyable mais vraie, qu'à Sarajevo il ne pleuvait pas en octobre, chaque année à la même époque, elle sonnait le branle-bas chez nous. Objectif : donner un coup de frais aux murs.

— Mon grand plaisir, c'est voir tous les murs rayonner de blanc !

Braco maudissait ces temps de chaulage. Il ne pouvait renoncer à son somme dans la cuisine. Dans le chaos des choses éparpillées pour les travaux, telle une petite île, le divan sur lequel il s'installait était recouvert d'un bout à l'autre d'un grand plastique. Il se préparait pour sa sieste avant de se préparer, ça allait de soi, pour le *treli-treli* !

Qu'il s'endormît pendant une finale n'était pas une nouveauté. Cette fois, c'était le Partizan de Belgrade qui affrontait le Haïdouk de Split pour gagner la coupe du maréchal Tito.

— Tout n'est pas noir et blanc, Azraaa, soupira-t-il en s'endormant.

Azra et Nedo continuèrent leur besogne. Ils poussèrent Braco et le divan de l'autre côté de la pièce déjà chaulé. Ils se hâtèrent de finir pendant que le chef de famille dormait. Le temps d'une pause, Azra fit même la valise de Braco qui partait en déplacement. Elle souhaitait le voir s'en aller au plus vite, afin de terminer son chaulage avant minuit.

Quand Braco se réveilla, je me sentis soulagé. Et ma mère aussi. Elle alluma une cigarette. Fièrement adossée au chambranle de la porte, telle une tigresse qui guetterait les applaudissements après son numéro de cirque, elle attendait, sans en douter, les compliments de son mari. La pièce resplendissait ! Mon père se dirigea vers le frigidaire pour prendre une *šerpa*[1] de lait froid et, après une longue gorgée, déclara :

— Purée, que ça fait du bien !

À peine Braco Kalem avait-il dévalé l'escalier, démarré sa Volkswagen 1300 C et descendu la rue Avdo Jabučica qu'Azra Kalem, sa femme, se figea sur place. Agrippée au divan, elle ressemblait à l'image arrêtée d'un film lorsque le générique de fin défile. De tout son poids, elle tomba dans les bras de Nedo, le visage submergé par la douleur.

— Nedo… approche le divan…

Se tenant le ventre, elle s'assit sur une chaise.

— J'appelle Braco ? demandai-je en me ruant vers la porte.

— Non, non. Ça va passer…

Azra était couchée dans la chambre. Du couloir, Nedo et moi allions y jeter un coup d'œil à tour de rôle. À neuf heures du soir, elle pointa le nez à la porte.

— Appelle le docteur Lipa…, demanda-t-elle. Son numéro est dans mon sac.

Je m'exécutai. Et aussitôt j'entendis la voix du docteur qui prenait de mes nouvelles.

---

1. Sorte de petite marmite à trois pieds.

— Moi, je vais bien, mais Azra se plaint d'avoir mal au ventre.

— Dans le haut du ventre ! cria Azra. Je ne peux pas… me tenir droite !

— Le docteur demande si ça te fait mal au toucher.

— À pleurer ! Même sans toucher.

— Tu vomis ?

— Depuis trois jours !

— Pauvre ma'an, le docteur dit que tu fais une inflammation de la vésicule ! Il appelle les urgences à l'hôpital !

— Pourvu que ce ne soit pas grave !

Le taxi, une Ford Taunus, arriva devant l'entrée de notre immeuble. Le chauffeur nous prêta main-forte pour installer Azra sur la banquette arrière. Le démarrage lui arracha un cri de douleur, et le chauffeur éclata en sanglots. Il pleurait comme une Madeleine.

— Voisine, faut pas mourir ! Je t'en supplie…

— Qu'est-ce que tu chantes, là ? intervint Nedo.

— Ce que je chante ? Hier, mon client est mort sur le chemin de l'hôpital !

J'enlevai ma chaussure pour lui en flanquer un bon coup sur la tête, mais la main d'Azra me stoppa dans mon élan. Elle était résolue à ne pas mourir elle aussi. Elle riait et pleurait tout à la fois.

— Te fais pas de souci, voisin ! Je suis pas encore décidée pour le « grand voyage ». Mais toi, fais attention à ne pas te payer le tramway !

— Comment ça « pas de souci » ? Tu as vu ta tête ?

— Arrête tes conneries ! hurlai-je. Arrête ça !

— Arrête… Qui ça, moi ? sanglota le chauffeur.

— Bon, fit Nedo. Tu vas te garer !

— Me garer… mais pourquoi ? Elle va mourir !

— Gare-toi que je te dis !

Le chauffeur se retourna. Effrayé par le ton de Nedo, il s'arrêta brusquement sur le trottoir du cinéma Radnik.

— Descends !

— Doucement, Nedo, gémit Azra. S'il te plaît…

— Quoi, doucement ?!

Et Nedo balança plusieurs coups de pied au chauffeur qui, après une bonne beigne, valdingua sur le bitume. Voyant la raclée qu'il allait prendre, il enleva séance tenante sa chaussette blanche et l'agita en guise de drapeau blanc.

— Assez ! Pour l'amour du ciel…, implorait-il alors que les coups de pied pleuvaient.

— Hé, cousin ! criai-je. On emmène Azra à l'hôpital, tu le finiras après !

Ils n'entendaient rien. Le pugilat continua jusqu'à ce que le chauffeur sorte le cric du coffre et le fasse tournoyer pour tenir Nedo à distance. Azra s'avança jusqu'à la portière et me serra contre elle.

— Prends-moi sur tes épaules…

J'obéis. Elle hurla quand je la chargeai comme un sac sur mon dos – la partie la plus solide de mon corps.

À la station-service, un policier suivait le match de boxe qui se disputait au beau milieu de la rue. Il buvait son café sans bouger. Déconcerté, le pompiste lui indiquait la bagarre, mais il restait de marbre.

— Me fais pas avaler mon café de travers… Quand ils seront fatigués, on les bouclera !

Sur mon dos, Azra gémissait en sourdine.

C'est pas mal quand on a le dos assez fort pour supporter le poids de sa mère, me dis-je en longeant la faculté de médecine. Qu'on n'aille pas me dire encore que je suis trop petit !

À l'accueil de l'hôpital de Koševo, on ne se bousculait pas. Rassurée, Azra s'allongea sur une civière. Une infirmière l'emmena en chirurgie. Une injection endormit Azra, et le Dr Lipa, qui ressemblait à Fernandel, l'acteur français, vint me rassurer :

— Bon. Maintenant, tu rentres gentiment chez toi. Tu ne t'inquiètes pas, mais pas un mot à ton père. Il a fait un infarctus, tu le sais.

— Oui, je sais. C'est compris.

— Mieux vaut qu'il ne sache rien. Demain, on procédera à tous les examens nécessaires. Et s'il faut opérer, on opérera !

Je n'aimais pas trop l'idée de devoir rester tout seul chez nous ; j'étais encore trop petit pour ça. Mais là, subitement, tout avait changé ! Après le chaulage, les choses n'étaient plus à leur place. Bah, elles attendraient le retour d'Azra ! Elle seule savait mettre de l'ordre. Pelotonné sous ma couverture, plus petit qu'une semence de coquelicot, je donnais l'impression de vouloir retourner dans le ventre de ma mère. Je me faisais du mauvais sang : comment me réveiller le lendemain matin ? Je me désolais, il n'y aurait personne pour m'accorder dix ou quinze minutes de rabiot de sommeil…

Je me tracassai pour rien.

Mes yeux déjà ouverts captèrent le premier rayon de soleil, le réveil tressautait dans la sous-tasse. La température était en baisse, et j'expédiai toutes mes tâches matinales plus promptement que les autres jours.

Sur le pas de la porte, mon père surgit, pas rasé. Il traîna sa valise et m'embrassa sur l'arrière du crâne pour m'épargner l'odeur d'alcool.

— Salut, p'tit. Et ta mère ?

— Elle est là. Je veux dire… en voyage.

— En voyage ? Comment elle peut être là et en voyage ?

— Elle est à Peciu Nou en Hongrie. En cure.

— Voilà du nouveau !

— Du nouveau, non. Ça couvait depuis pas mal de temps. Elle en parlait avec sa sœur.

— Au besoin, faut qu'elle prolonge – pour ses rhumatismes ! Tu pars à l'école ?

— Malheureusement…

— Tiens. Un bouquin sur les plantes. Elles gémissent et souffrent quand on les arrache ! Je ne savais pas.

— Et elles se disputent aussi ?

— On ne le dit pas. Après l'école, je t'emmène manger des gâteaux.

— Chez Rešo ou au Oloman ?

— À toi de choisir !

En bas, dans le hall, Nada, une voisine, attendait. Elle me décocha un clin d'œil.

— Faut pas que ton père sache que ta mère a été hospitalisée.

— T'inquiète. Je sais.

Pendant la classe, je ne voyais rien, je n'entendais personne. Je regardais le livre sur les plantes. C'était vrai qu'elles gémissaient quand on les cueillait ou qu'on les coupait. Mais j'étais plus costaud qu'elles. Depuis qu'Azra était à l'hôpital, fini de geindre, de rêver d'être autre chose. Et surtout pas une idiote de prune, de poire ou autre cerise ! Ce qu'on peut raconter comme bêtises quand on est petit !

Quel bobard j'allais bien pouvoir raconter à Braco pour le convaincre qu'Azra prolongeait sa cure en Hongrie ? Une chance, c'était souvent qu'elle parlait de stations thermales.

Slavica Remac, notre institutrice responsable, me dispensa de la dernière heure pour que je puisse être à l'hôpital à l'heure des visites :

— Moi aussi, j'ai été opérée de la vésicule. Tu lui diras que ce n'est rien du tout. Sauf que manger du jaune d'œuf est rigoureusement prescrit !

L'hôpital empestait le chlore et l'alcool à 90°. Par la vitre qui perçait le centre de la porte, j'apercevais Arza. Elle dormait sur son lit, le front et les joues tout jaunes, à croire qu'elle s'était badigeonnée de jaune d'œuf pour se brûler la peau du visage. Ouvrant les yeux à mon entrée, elle me tendit la main sous la couverture. Avec un sourire, elle sortit de dessous le matelas le gros calcul qu'on lui avait extrait.

— N'aie crainte, la mauvaise herbe ne périt pas ! me rassura-t-elle, voyant mon inquiétude.

Fièrement, elle tournait et retournait le calcul entre ses doigts.

— Regarde, Azra, le nombre de strates qui se sont entassées !

— Tu veux dire « tassées » me reprit-elle en riant.

— Mais non, entassées ! Regarde !

— Et ton père, il est rentré ?

— Oui. Avant-hier.

Je ne saurais expliquer pourquoi j'ai menti, pourquoi j'ai dit que mon père était rentré plus tôt. Les mensonges s'enchaînaient les uns aux autres, comme une cigarette s'allumait au mégot de la précédente.

— Il sort tous les soirs, sûrement ?

— Non, non. Pas du tout ! Et de *treli-treli*, quasiment pas.

— Pas possible…

— Je veux dire… Tu le connais, il rentre, il fait à manger, et il dort.

— Et il débarrasse ?

— Si on veut.

— Comment ça, si on veut ?…

— La vaisselle qu'il laisse, je m'en charge.

— C'est fort de café, quand même ! En mon absence, il ne va nulle part… Faut que tu fasses quelque chose pour moi.

— Bien sûr.

— Il a au moins cinq cachettes pour sa paie. Parfois il glisse l'enveloppe sous le tiroir de la table de nuit près du chevet, parfois il la met sur la chaudière. Une fois, il l'avait même planquée dans le réfrigérateur et, une autre, fourrée dans ses chaussettes ! Le pire, c'est qu'il change sans arrêt. Faut que tu fouines…

Elle comprit que je n'avais nulle intention de « jouer les fouines ».

— Mais il te donne une part de sa paie, non ? demandai-je.

— Oui, mais c'est celle qu'il garde pour lui qui me tracasse.

— Pourquoi tu t'en fais s'il te donne assez ?

— Parce que j'ai du mal à joindre les deux bouts. Et il marque la somme sur l'enveloppe.

— Il va piquer une sacrée colère !

Entre mon père et ma mère, je devais observer la neutralité ; je le savais. Soudain, je fus pris d'une irrépressible envie de rire. De joie, sans doute, qu'au bout du compte nous soyons tous les trois vivants. Pas en bonne santé, mais vivants. Je gloussais sans pouvoir m'arrêter, et sans qu'Azra comprît pourquoi je riais.

— Allez, file, espèce d'âne ! Tu te fiches de moi !

Je la serrai dans mes bras pour la tranquilliser. Sa tête sur mon épaule, elle restait silencieuse. Et nous restâmes ainsi couchés sur le lit sans rien dire jusqu'à ce que l'infirmière en chef vînt annoncer la fin des visites.

Le Dr Lipa m'arrêta au bout du couloir.

— Nous attendons le résultat de l'analyse histopathologique.

— C'est quoi ?

— Je veux exclure le pire… Le cancer !

Je crois que ma vitesse pour parcourir le trajet retour de l'hôpital répondait à mon désir de mettre la plus grande distance possible entre le mot cancer et moi. J'étais encore petit ! Fuir les mots et leur signification ne se pouvait pas ! Surtout graves et menaçants. Je m'éclipsai de l'enceinte de l'hôpital, je descendis à pied l'allée qui longeait le Génie civil où Azra travaillait à la comptabilité. Cancer. Ce mot résonnait dans ma tête. À l'angle, près du kiosque à journaux, Braco m'attendait comme convenu. Il était déjà attablé.

— Alors, l'école ?

— C'était bien !

— Bon. Eh bien, maintenant, tu manges à volonté !

Il se leva, puis revint avec une assiette : quatre *krempite*, deux *tulumbe*, deux *šampite*, et deux *boze*[1]. Comme Rešo, le pâtissier, détestait la nicotine, Braco fuma dehors tout en me regardant à travers la vitre.

1. (Les mots qui suivent sont au singulier) : *krempita* : gâteau à la crème ; *tulumba* : sucrerie turque en forme de bâtonnet ; *šampita* : sorte de biscuit ; *boza* : boisson non alcoolisée à base de farine de maïs.

Alors que j'attaquais la dernière *krempita*, des larmes se mirent à couler le long de mes joues et atterrirent sur la croûte dure du gâteau. Me voyant pleurer, Braco me rejoignit à l'intérieur. Ben oui, j'étais petit encore… C'étaient mes premières larmes depuis l'hospitalisation d'Azra. Elles gouttaient sur la *krempita*, ce qui me parut subitement drôle. Braco me regarda, puis alla régler.

— Pourquoi tu pleures ?

— La mère de mon copain a le cancer…

— Le crabe ? Dieu nous en préserve !

— En fait, ils ne sont pas trop sûrs, mais mon copain a gros cœur, et je suis triste pour lui.

— Forcément. Bon, c'est tout maintenant.

Il épongea mes larmes avec sa cravate, ce qui me fit rire.

— Voilà, je ne pleure plus. Et toi…

— Et moi ?

— Promets-moi : pas de *treli-treli* ce soir.

— Mais enfin ! Je fais juste un petit tour à pied, histoire de prendre l'air !

— Je peux venir avec toi ?

— Non. Et tes devoirs ?

Pourquoi lui fallait-il sortir tous les soirs et ne pas être chez nous ? Le *treli-treli* lui tenait plus à cœur que moi. Là, je comprenais parfaitement Azra. Je me dégageai de son étreinte, mais je n'avais pas fait deux pas qu'il me rattrapa par l'épaule.

— Tu ne nous aimes pas !

— Tu es bien insolent, fiston !

— C'est ce que tu crois, répliquai-je entre mes dents avant de décamper par la rue Sutjeska et de prendre la rue Ključka.

Ne pas rentrer ensemble me rendait fou de rage. Il peinait pour me rattraper. La moitié de l'escalier avalée, il me saisit par la manche.

— Arrête, je n'en peux plus…

On l'aurait cru branché sur les poumons de quelqu'un d'autre, des grincements lui montaient de la gorge. Il me prit dans ses bras, comprenant combien je tenais à ce qu'il ne me laissât pas et à ce que nous rentrions tous les deux.

Quand il ouvrit la porte, voir l'appartement nous fit mal au cœur. Tout frais chaulé, mais vide ! Seul bon point, les affaires toujours en désordre étaient recouvertes d'un plastique. Le sommeil me gagnait. Tandis que Braco me déchaussait, la torpeur m'envahit, mes yeux se fermèrent, je dormais déjà.

Peu après minuit, je fus réveillé par une déflagration, comme si les vitres du hall d'entrée avaient volé en éclats. Un juron tonitruant lui succéda. Dans le miroir triptyque près de la table de nuit, mon père en équilibre instable sur ses jambes titubait, s'efforçait de trouver la trajectoire pour entrer. Son esprit cédait carrément sous le poids de son corps bedonnant. La trop grande quantité de liquide bue l'entraîna vers l'arrière, et il termina sa course dans la cuisine où il s'affala sur le divan.

— Putain de chaulage…

Il parlait au ralenti, comme ce Russe qui annonçait la percée des troupes soviétiques dans Berlin. Sa bouche essayait de prononcer des phrases à une vitesse que son cerveau lui interdisait.

— Pourquoi… elle est pas là, Azra… de Peciu ?

Comment parle-t-on à un père complètement soûl ? Il essayait, tout à la fois, de quitter son manteau, d'allumer la cuisinière, et de réchauffer son souper. Alors qu'à jeun il était capable de parler la bouche pleine, là il s'empêtrait dans ses pensées, sans plus réussir à se déshabiller qu'à allumer le réchaud. Il y parvint, mais emberlificoté dans son manteau à moitié enlevé, il fit dégringoler tout ce qui se trouvait sur la cuisinière. Il se redressa, puis rassembla les assiettes, remit dans la marmite la choucroute tombée par terre – tout cela, l'air innocent, enfantin, du genre « Mais non, j'ai rien fait… »

Par la porte entrouverte s'offrait un singulier spectacle, du jamais vu : le pantalon à demi baissé, Braco était agenouillé, appuyé contre le divan, et… dormait ! Le repas qu'il avait fini par installer sur la plaque commençait à fumer. Ça puait le chou brûlé. Relever Braco et l'installer sur le divan n'était pas difficile, mais pour lui ôter pantalon et chemise, je me serais cru trimant à un chantier de jeunesse. Il gargouillait, gesticulait, battait des bras. J'eus l'impression qu'il ne se sentait pas bien. Je pris une chaise et je surveillai sa poitrine. Elle montait, descendait irrégulièrement.

Il respire ou pas ?... Il respire ou il ne respire pas ?...

Le sommeil me reprenait. Ma tête basculait. Aussitôt après, on cognait à la porte.

— Qui est là ?

— Moi, Nedo. Ouvre, Aleksa… Comment va la tante ?

— Le docteur dit que l'opération s'est bien passée, ils attendent les résultats des analyses, et après ils sauront le temps qu'elle doit encore rester. Tu sais, j'ai essayé le truc dans l'eau bien chaude…

— Alors ?

Je m'approchai et lui chuchotai à l'oreille.

— Enfin… c'est comme tu le sens.

Les gargouillements de Braco nous interrompirent. S'ensuivit un silence. Nedo se précipita dans la cuisine.

— Jaune citron, qu'il est ! De l'eau, vite !

Du couloir, j'aperçus mon père sur le divan, qui haletait, qui s'étouffait, qui ne me voyait pas.

— Il va y rester, Aleksa. Appelle les urgences !

— Manquait plus que ça… Non, Braco, tu peux pas me faire ça ! dis-je.

Avec un citron coupé en deux, Nedo massa la poitrine de mon père. Puis il me le tendit et courut téléphoner. Je ne pouvais le croire : ma mère et mon père partis de chez nous en un seul week-end ! Et avec des vues diamétralement opposées sur l'importance de la géographie et l'influence du milieu sur la condition humaine ! De toutes mes forces, je comprimai la poitrine de Braco. La peur m'insufflait dans les mains un supplément de puissance, une pression pour lui insupportable.

— Moins fort, Aleksa. Moins fort, fiston.

Nedo composa le numéro des urgences rue Brazova, mais personne ne décrocha. J'écartai les bras en lui demandant ce qui se passait ; il me regarda, visiblement inquiet. L'angoisse se lit plus facilement dans les yeux des grands ! Je redoutais que Braco expire dans nos bras. Le combiné du téléphone à la main, Nedo mima comment appuyer sèchement sur la poitrine puis, aussi sec, relâcher. Il finit par obtenir le service de garde rue Brazova. Braco perdait sa respiration, mais aussi l'espoir de rester en vie. Son regard se voila. Je le regardais, paralysé. Il entamait sa plongée. Nedo surgit.

— Ici ! Tu appuies fort, tu relâches. Plusieurs fois, vite ! m'expliqua-t-il.

Des deux mains, je malmenais mon père. Une, deux, trois fois. La quatrième secousse fut forte, il ouvrit les yeux. Il respirait de nouveau, il me fixait, avec gratitude. Mes mains tremblaient, je ne saurais trop dire ce qui s'était passé. À l'arrivée du docteur dans le couloir en compagnie de deux aides, mon cousin me serra dans ses bras. De joie, mon cœur battit la chamade. Mais pas de larmes… Comment était-ce possible ? L'insensibilité. Voilà pourquoi je ne pleurais pas !

— Tout ira bien, dit le docteur tandis que les deux aides emmenaient mon père sur une civière. Une fois

Braco installé dans l'ambulance, la sirène se mit à hurler – le moment, pour moi, le plus pénible.

Mes yeux se fermaient tout seuls, de fatigue. C'est Nedo qui me réveilla en m'étreignant.

— L'opération de ta mère s'est bien passée ! Braco est en soins intensifs ! Enfin... c'est comme tu le sens !

— Il va s'en tirer ?

— Il s'en est tiré !

— Alors, il ne va pas mourir ?

Avec ses bras de camionneur, Nedo me serra si fort que j'en eus un instant le souffle coupé. Mais mon chagrin demeurait.

— Non, mais il devra se surveiller ! Et ces prochains jours, pas de visites, pour éviter les émotions !

La grisaille de l'automne à Sarajevo, et j'étais seul. Tout seul. Sans savoir si j'étais encore petit. Aucune trace de la lumière qui engageait les peupliers dans une course à celui qui se projettera le plus vite et le plus loin dans le ciel. Fini l'émoi que suscitaient les filles et les femmes dont les jambes se dévoilaient en fonction de leur taille et de la longueur de leurs pas.

Pour me réveiller, pas de problème. Par la fenêtre, j'aperçus Nedo, qui montrait des gamelles marquées GP « Vranica ».

— On en a p'us besoin, dit-il en entrant. On est passés à la cantine de campagne. Ton boulot à toi, c'est de voir à pas tout renverser !

Il m'étreignit une fois encore dans ses bras – si fort que j'en souhaitai ne plus jamais le revoir ! Et il repartit en criant de l'escalier :

— Enfin… c'est comme tu le sens !

À une heure dix, retentit la sonnerie de l'école. La fin des cours.

Non, c'est sûrement pas le cancer ! me dis-je tandis que, je ne savais comment, me revenaient en tête les genoux qui défilaient devant chez moi.

Un homme se tenait devant l'entrée de notre immeuble. Maigre, chauve, avec des sourcils teints en noir, il fume une morava sans filtre, assis sur une marche en béton.

Nada, la voisine, lui apporta un petit tabouret ; il se releva, s'installa.

— Mon pauvre, tu vas prendre froid ! lui dit-elle. Puis me voyant arriver, elle se réjouit.

— La paie de ton père, expliqua-t-elle. Je ne peux pas la prendre, je n'ai pas la signature…

— Ni moi !

— Ne dis pas de bêtises, petit ! dit l'homme. Je ne vais tout de même pas repartir avec une somme pareille. Tu veux qu'un voleur me tombe dessus ? Allez, appose ta griffe. Là… Après, je décampe !

— Et l'argent, j'en fais quoi ? Les émoluments d'un fonctionnaire, c'est pas rien !

— Aujourd'hui, on dépense tout !

Il me tendit l'enveloppe, un papier, et, comme il l'avait dit, j'apposai ma griffe. Il disparut dans l'escalier. Une fois rentré, je plaçai sans attendre l'enveloppe dans la table de nuit, du côté de Braco. Je ressortis et vis alors la fenêtre entrouverte.

Ce bonhomme, pensai-je, Dieu sait qui c'est ? Peut-être même qu'il ne blague pas en prétendant que quelqu'un pourrait bien chiper les sous de mon père. Et pourquoi pas lui, après tout ?…

Dans la salle de bains, j'approchai une chaise, je posai l'enveloppe sur la chaudière. Le haut était arrondi, l'enveloppe tomba. Je recommençai, elle retomba. Je la replaçai une troisième fois, elle me glissa dans les mains. Il y était inscrit : Braco Kalem, 890 000 dinars. Je l'ouvris et découvris une épaisse liasse de billets de 100 et de 500. Seule solution, garder l'argent sur moi, et en permanence. Je fis deux tas ; un que je fourrai dans ma chaussette, l'autre dans mon pantalon. Advienne que pourra !

À toute allure, par la rue Gorica, puis à travers le cimetière des Partisans, j'arrivai à l'hôpital de Koševo par l'arrière. Rue Fuad Midžić, au pavillon des sourds et muets, le grillage était troué ; j'y pénétrai discrètement – à l'entrée principale, je me serais fait refouler car j'étais trop petit et je n'avais pas de carte d'identité. L'herbe, qui attendait depuis des lustres une bonne tonte, bruissait sous mes pieds. Je n'avais qu'une seule idée en tête : « Le cancer ? » Devant le service chirurgie, je croisai le Dr Lipa, venu voir Braco.

— C'est pas le cancer, hein, m'sieu Lipa ?

— Que je te dise, petit… Eh bien, non !

Je lui sautai dans les bras, je l'étreignis, l'embrassai, puis je montai l'escalier quatre à quatre, direction le deuxième étage. Et la chambre d'Azra.

— Alors, tu n'es pas malade ?!

— La mauvaise herbe, ça ne périt pas ! Allez, assieds-toi !

Je sortis les gamelles et lui donnai aussitôt la soupe. Elle souleva le couvercle, ses yeux se posèrent sur mes chaussettes ; comme si elle savait où j'avais planqué les sous de mon père. J'en eus froid dans le dos.

— Ces chaussettes ne sont pas à toi.

— Non. À p'pa.

— Qu'est-ce que t'as à te trémousser comme ça ?

— Je reviens, faut que j'aille aux toilettes, lançai-je avant d'y foncer.

Une fois dans les toilettes pour dames, je m'adossai au mur, en respirant comme si j'avais quelqu'un à mes trousses. Certain que l'endroit était désert, j'entrepris de répartir l'argent : de mes chaussettes, j'en glissai un peu partout, dans mes poches, dans mon slip. Je m'aspergeai le visage avec un peu d'eau pour me donner l'air normal.

— Peut-être que tu as trouvé où c'était…, mc demanda Azra, dès mon retour dans la chambre.

— Où c'était quoi ?

— L'enveloppe avec l'argent. Tu n'as pas fouiné ?

— Mais enfin, Azra ! J'aurais honte, ce serait pas juste.

— Tu as raison. Jusqu'ici j'ai vécu dans l'ignorance, autant continuer, dit-elle, tout en m'étudiant.

Elle ne croit pas un mot de ce qu'elle dit, pensai-je. Mais je la serrai très fort, et cela suffit à détendre l'atmosphère. Lentement, elle mangea l'assiette de soupe préparée par Nada, la voisine.

— Bon. Va falloir que je retourne pour le soutien de maths.

— Apprends bien, mon fils. Pour n'avoir à dépendre de personne.

— Tu dépends de qui, toi ?

— Sans son salaire, on ne s'en sortirait pas, toi et moi.

Je la pris dans mes bras malgré la peine que me fit cette phrase. En quittant l'hôpital, je la vis me regarder et agiter la main derrière la fenêtre. Je lui répondis et elle sourit. Parvenu de l'autre côté du bâtiment, je me faufilai dans le parc et, subrepticement, je revins vers le centre de l'hôpital, dans le service où se trouvait mon père. C'était ma première visite à Braco.

— Non mais… Regarde-moi ça, petit ! grommela le Dr Lipa en montrant une cartouche de Marlboro et une bouteille de whisky alors que Braco était parti raccompagner ses collègues, hommes et femmes, du Conseil exécutif de la république de Bosnie-Herzégovine. Voilà le genre d'imbéciles qui dirigent l'État ! Quelqu'un a failli succomber à un second infarctus, et ces bougres de cons lui apportent du whisky et des cigarettes à l'hôpital ! Allez, reprends-moi ça chez toi !

Mon père, Braco Kalem, se tenait près du lit. Il m'attendait. L'infarctus semblait l'avoir rajeuni. Une phrase me vint aussitôt à l'esprit : « La mauvaise herbe, ça ne périt pas ! » Ça ne servait à rien d'espérer.

— Azra est rentrée de Hongrie ?

— Elle a appelé pour dire qu'elle restait jusqu'à la fin de la semaine ; et pour demander de tes nouvelles.

— Tu ne lui as rien dit à mon sujet ?

— Bien sûr que non ! J'ai dit qu'en rentrant tu faisais la sieste, et puis *treli-treli* ! J'ai mal fait ?

— Mal fait… non. Mais faut pas non plus l'énerver pour rien… Elle a raison, Azra : après un enterrement, c'est mieux d'avoir des aiguilles de pin qui craquent sous les pieds. Tu imagines, si je meurs ? À Bare que vous devrez aller, et patauger dans la boue !

— Faut toujours parler en mal de la mort !

— Tu peux le dire !

Mon père m'attira contre lui. Il respirait difficilement. Tandis qu'il me serrait, j'aperçus une larme sur l'oreiller. En fait, il ne voulait pas que je voie son visage.

— On ne pleure pas ! dis-je en essuyant ses larmes avec le drap.

— Tu préviendras Azra qu'on va acheter l'appartement que sa dingue de tante de Bakuf possède à Herceg Novi. Comme ça les aiguilles de pin craqueront sous nos pieds le restant de notre vie !

— Elle sera ravie !

Je le serrai de toutes mes forces, pour qu'il sente combien j'étais devenu grand.

— Un courrier du Conseil exécutif est venu avec ta paie. Et il m'a demandé ce que je comptais faire avec tous ces sous. « Vous demanderez à ma mère quand elle sera là, que je lui ai dit. Moi, j'en sais rien ! »

— Qu'est-ce que ta mère a à voir avec ma paie ?

— Mais j'en sais rien !

— Ça ne la regarde absolument pas ! D'ailleurs, elle est où, ma paie ?

En me prenant dans ses bras, de sa paume de main et à travers ma chemise il a effleuré l'argent caché autour de ma taille.

— Ben… Là où elle doit être.

— Où ça ?

— Au Conseil. Le courrier l'y a ramenée.

— Tu me surprends en bien. Tu n'es plus petit, mais mûr pour ton âge. Bravo !

Un infarctus ne pouvait avoir raison de mon père. C'est clair, à présent.

— … Tu sais, je donne à Azra ce qu'il faut pour nous nourrir et nous loger. Le surplus, c'est pour la caisse noire.

— Et c'est quoi, ça ?

— Que Dieu nous garde des temps difficiles, mais tu ne peux pas savoir à quel point nos parents étaient pauvres…

Ce qu'il fabriquait avec cette caisse noire, je m'en fichais. Et l'hôpital, j'en avais eu ma dose pour ce jour-là. J'embrassai mon père, et il me raccompagna jusqu'à la sortie. Rien de plus facile que de descendre l'escalier de l'hôpital en courant. Et même là, je repensai aux genoux des femmes plus ou moins découverts selon la longueur de leur pas – quand elles montaient les marches, évidemment !

Du parc, on pouvait voir la fenêtre de Braco, il faisait au revoir de la main. Je lui ai répondu de même, tout en cherchant par où disparaître. Au bout du parc, je me suis peu à peu déporté vers l'autre côté du chemin… pour retourner dans le bâtiment d'Azra ! À travers la porte vitrée, je vis qu'elle dormait. Quel soulagement ! Plus besoin de faire la conversation.

Les néons s'allumaient rue Đura Đaković, la nuit tombait, je n'avais pas peur. J'étais habitué maintenant à sentir le contact de l'argent contre mon corps, dans mes chaussettes, tout autour de ma taille, dans mon pantalon. Pour rentrer de l'hôpital, je franchis la limite entre la ville et la périphérie. D'un côté, de hauts poteaux métalliques déversaient une puissante lumière ; de l'autre, un escalier était à peine éclairé par d'antiques réverbères, vandalisés par de jeunes ivrognes.

À la frontière de Koševsko brdo et de Crni vrh, près de la briqueterie à l'abandon, un garçon et une fille : lui, immense, portait un caban bleu marine, elle était minuscule. Ils échangeaient un baiser ; rien d'étonnant. Je remarquai cependant que, tout en l'embrassant, la fille m'observait. Subitement, celle-ci se mit à crier, allongea trois claques au gars qui se rua sur elle pour la frapper. Il la culbuta dans la poussière, elle roula en appelant au secours. Oubliant l'argent de mon père caché sur moi, j'empoignai le gars.

— Comment peux-tu, une presque naine !

— T'as dit quoi, là ?...

— Que tu vas la tuer, vu ta taille !

— T'es qui pour me parler comme ça ?!

— Personne. C'est pas juste, voilà ce que je dis !

D'un bond, la fille se remit debout, elle secoua la poussière de son manteau. Elle n'était pas mal, un beau brin de fille dans un pantalon moulant, une tsigane blonde. De quoi nourrir mes souvenirs dans ma baignoire d'eau chaude ! Elle s'avança d'un demi-mètre et m'attrapa le menton.

— Tu veux quoi ?! me demanda-t-elle.

— Ce que je veux ?... Mais rien ! Je lui demande juste de ne pas te frapper !

— Non mais, t'es qui pour fourrer ton nez dans notre histoire ?!

— Personne…, commençai-je, avant que le gars m'assène son poing sur le nez avec une violence qui me fit voir trente-six chandelles.

Je tombai. Tourné vers lui, j'aperçus son visage et, dans ma chute, j'agrippai le revers de son caban. Un coup de pied me paralysa la main, arrachant du même coup un bouton.

J'ignorais depuis combien de temps il faisait nuit noire, mais ce fut le froid et la douleur dans ma tête qui me réveillèrent. Je jetai un regard alentour. Personne. J'étais adossé à un arbre et… complètement nu ! Aussi nu que l'enfant qui vient de naître.

Je desserrai mon poing et je découvris le bouton. Que faire à poil, pitoyable, avec un bouton de caban dans la main ? La fièvre qui me secouait était-elle due à la colère et à mon nez douloureux ou au fait d'être tout nu ? Je n'en savais rien. Tremblant comme une feuille, je courus vers la briqueterie désaffectée. Soudain, je me rappelai que Selim Sejdić, un copain d'école, habitait juste à côté si je rentrais par Crni vrh. Sa famille comptait dix enfants, voire plus. À vrai dire, leur nombre variait et, parfois, montait même jusqu'à quatorze. Ils auraient sans doute de vieilles fringues pour que je puisse décemment rentrer chez moi.

Chez eux, sous les chambres, une pièce du sous-sol servait de salle de jeu à tout Gorica ; on venait aussi de Vratnik, et même de Kovači. À ce qu'on disait, Ćelo, le père, maquereautait des tsiganes. Le vent soufflait sur Gorica, j'étais gelé de la pointe des orteils à l'extrémité des cheveux. Je m'approchai de la bicoque de plain-pied en carton bitumé ; une fenêtre donnait sur la cuisine. Collant ma tête contre la vitre, j'aperçus un homme très large d'épaules, qui ne m'était pas inconnu... lorsqu'il se retourna, je le reconnus… « Enfin… c'est comme tu le sens » ! Je me frottai les yeux. Oui, c'était bien lui, là, devant moi – mon cousin Nedo !

En slip, il était en train de bomber le torse, de se pavaner, de s'examiner dans le miroir. Il tâta la température de l'eau dans la baignoire, d'où s'échappait de la vapeur. L'espace d'un instant, ça me réchauffa.

De l'autre côté de la cuisine, une porte s'ouvrit sur la tsigane blonde qui m'avait dépouillé. Mon cœur s'emballa ; pour un peu, j'aurais fait un infarctus, comme mon père. Elle s'approcha de la baignoire, s'arrêta, laissa tomber la serviette qui dissimulait son corps. Elle avait les seins qui pointaient, et des fesses pareilles à l'assise d'une chaise. Oublié le froid ! Je ne sais si c'était la manière de Nedo de lancer son « Enfin… c'est comme tu le sens » avec les femmes, mais il se mit à pousser des cris de Tarzan et sauta dans la baignoire comme il le ferait à Bembaša. Dans une grande éclaboussure, il se retourna, balança son slip, puis se laissa glisser sous l'eau avant de disparaître. La tsigane blonde éclata de rire et attendit la suite. Quand Nedo refit surface, il secoua ses cheveux mouillés avec des rugissements de tigre. De toute évidence, c'était là un numéro bien huilé car la tsigane blonde qui s'était reculée jusqu'à la fenêtre s'élança vers la baignoire et bondit sur lui en hurlant. Tous deux plongèrent sous l'eau un instant, et remontèrent enlacés. Nedo portait la fille ainsi qu'un élève modèle tiendrait un porte-plume. Ils faisaient un vacarme d'enfer, ils haletaient, leurs corps se cognaient contre les murs. Jamais je n'aurais imaginé une vie d'homme à ce point pénible.

Brusquement, on me tapa dans le dos. Je me retournai – le vieux Ćedo.

— Celle-là, elle me rapporte, elle gueule comme si elle mariait son frère ! Et toi, petit, tu fais quoi, là ?

— Moi… rien !

— Quoi, rien ?! Chez moi, y a rien à l'œil !

Nedo et la tsigane blonde dépassaient les bornes. Ils hurlaient à qui mieux mieux, et lui la pressait violemment contre les murs de la bicoque ! C'était quoi ? La fin du monde ?

Tandis que Célo s'alarmait, toussotait, je fis le tour en douce jusque dans la petite pièce. Je pris une couverture et m'en drapai.

— Oh là, doucement... Tu vas la foutre par terre, ma maison ! grogna Célo.

— Je t'ai payé. Boucle-la ! répliqua Nedo.

— Avec toi, l'endroit va perdre de sa valeur marchande !

Nedo brama de plus en plus fort, je n'avais plus qu'à me boucher les oreilles. Puis le silence finit par revenir. Recroquevillé dans un coin, j'entendis Célo jurer :

— Bordel de bordel ! Sacrée façon de gagner sa croûte.

— Quoi, bordel ?! T'as qu'à construire en dur !

— Fais pas chier !

Enveloppé dans la couverture, j'cntrai dans la chambre où Nedo et la tsigane blonde prenaient le café.

— Euh... c'est moi.

— Ben... Tu sors d'où, toi ?

— Moi aussi, je veux...

— T'es 'core trop p'tit. Un peu de patience, je t'emmènerai là où il faut pour te déniaiser.

La tsigane blonde me reconnut. Elle posa sa tasse près de la cafetière, me tourna le dos et, sans desserrer les dents, rassembla ses affaires à la va-vite avant de déguerpir.

— Hé, petite, attends ! Encore un coup ! Hé !

Mais elle était déjà dehors.

— Ils m'ont volé l'argent ! m'exclamai-je.

— L'argent… quel argent ? Qu'est-ce que c'est que cette connerie ?

— C'est pas une connerie ! 890 000 dinars qu'ils m'ont piqués. La paie de Braco !

— C'est elle ?

— À poil qu'ils m'ont mis, après une sacrée raclée. Et ils ont décampé avec l'argent.

— Putain de voleurs !

Nous dévalâmes tous les deux la prunelaie. Puis la rue Ključka. Je peinais à rattraper Nedo. Il courait tout en se rhabillant ; moi, enveloppé dans la couverture de chez Ćedo.

— Tu suis, cousin ?

— Pas à pas !

— Ils vont s'en souvenir, ceux qu'ont fauché l'argent de ma tante !

De la rue Đura Đaković, un taxi nous conduisit au Camek, un café de Skenderija. Il y avait des ivrognes comme s'il en pleuvait. Remonté comme un coucou suisse, Nedo passa de table en table. Tous le connaissaient, craignaient sa grosse tête et ses paluches qui, disait-on à des kilomètres à la ronde, serraient aussi fort que deux clés à molette. Dans le nuage de fumée, il me sembla reconnaître mon agresseur, et je menai Nedo jusqu'à sa table. On y jouait au *barbut*[1], on jurait comme des charretiers ! Quand Nedo rafla toutes les mises, on se calma aussitôt.

— Ben… qu'est-ce qu'y a ? demanda mon agresseur.

Nedo lui colla une beigne, que l'autre s'efforça de rendre. Mais après une seconde, il se tint tranquille.

— Sur Tito et ma famille, je sais pas de quoi il retourne !

— Ta veste, elle est où ?

— Ben… là-bas !

— Aboule !

Écartant les bras en signe d'innocence, le gars affirmait qu'il n'avait rien fait. Il revint du vestiaire avec son caban bleu marine. Nedo s'en saisit, me tendit la main, je lui passai le bouton. Nedo l'appliqua pile à l'endroit où il avait été arraché.

— Tu sors !

Quoique Skenderija ne fût pas son secteur, Nedo empoigna sans hésiter le jeune type par le cou.

— Alors on s'en prend aux plus p'tits que soi ! Hein, mon grand ? dit Nedo en me désignant. Puis il lui fit une clé de bras, l'emmena jusqu'au pont, à côté de l'église protestante. Là il lui ordonna d'enlever sa chemise. L'autre tenta bien de se rebiffer, mais une nouvelle grande claque le fit obtempérer.

— Sur Tito et ma famille, je sais rien…

---

1. Jeu de dés.

Saisissant le type par le cou, Nedo l'approcha du garde-fou avant de l'attraper par les jambes et de basculer son torse nu au-dessus du vide.

— Nooon, pas ça ! Je t'en prie !

Nedo noua sans peine son pantole, serra sa ceinture et le suspendit par les pieds. L'autre resta à l'envers, le visage tourné vers la Miljacka.

— L'argent de ma tante... tu vas me dire où il est ?!

— L'argent... Chez Bimbo, sur la route d'Ilidža !

— Enfin... c'est comme tu le sens !

En deux temps trois mouvements, Nedo libéra le pendu.

— Tu te désapes, lui ordonna-t-il. Complètement !

Il lui prit ses vêtements et me les passa un à un. Il me rhabillait. On aurait pu croire que j'avais fait les magasins de fringues de Trieste. Le super rifle était trop long, j'en retroussai le bas. Les souliers faisaient trois pointures de trop. Pour finir, Nedo me balança le caban.

— Sur Tito et ma famille, Bimbo m'a tout piqué..., gémissait le gars.

Nous étions tombés d'accord, facilement. Le taxi nous conduisit tous les trois au bistrot de Bimbo. Aucune différence avec les autres cafés d'Ilidža. Sauf qu'à l'intérieur, il n'y avait personne. De la fumée montait de la cave.

— Ça joue en bas... Moi, je vais me planquer dans les W.-C. Toi, tu demandes de l'huile à la jeune et jolie, et tu la répands par terre. Une bonne épaisseur, hein ! Et, surtout, te laisse pas distraire, ça ferait tout rater !

— Ça risque pas !

— Toi, tu le suis ! ordonna-t-il à mon agresseur.

Et il agrémenta son ordre d'une grosse bourrade.

Je pris au pied de la lettre ce que m'avait dit mon cousin, mais je ne pouvais m'enlever de la tête Braco et sa fréquentation des cafés. Quand j'entrai, les vapeurs d'alcool ressuscitèrent les visages renfrognés des clients des cabarets où mon père m'emmenait. Des visages qui étaient restés gravés dans ma mémoire depuis mes dix ans, quand j'étais retenu en otage dans les troquets de Sarajevo. Parfois l'alliance des engagés dans l'opération *treli-treli* pouvait durer jusqu'à minuit ! Braco finissait alors par m'installer deux chaises pour dormir tandis que pour la énième fois ce soir-là, il répétait : « La vie de café... T'as vu un peu comme c'est dur ? Et Azra qui croit que c'est une partie de plaisir ! »

Était-ce l'influence de telles pensées ou l'envie d'éprouver par moi-même la pénibilité de la vie de café, toujours est-il que je m'étais dirigé droit sur le comptoir et avais lancé :

— Petite... un *treli-treli* !

— Un quoi... mon poussin ?

— Un *treli-treli* ! Tu sais pas ce que c'est ? Mais tu sors d'où ?

— De Vratnik.

— Non, je te demande pas ça ! Je m'interroge, symboliquement : d'où sors-tu pour ignorer les grands principes ? Amène-toi !

— Mais je connais, mon poussin !

— Un litre de Riesling et un litre d'eau gazeuse ! Je te colle… un zéro pointé !

La serveuse sourit, mais se cacha les yeux, embarrassée qu'elle était de voir un homme nu à mon côté. Dans les toilettes, Nedo s'agitait, me pressant d'engloutir mon premier *treli-treli*. Moi, je prenais mon temps, le spritzer me tapissait l'estomac – Braco avait raison, c'était super quand ça vous grondait dans la gorge. Je me tournai vers cul nu, il grelottait de froid.

— Petite, une rakija pour ce bon à rien, il va se les geler !

— Tu ferais mieux de lui filer le caban.

— Tu lui mets une rakija que je te dis, et m'emmerde pas !

— Quel langage, mon poussin !

Je me resservis un spritzer que je descendis d'un trait et passai derrière le comptoir :

— Ton huile, elle est où ?

— Waouh, t'es un vrai mec, toi ! T'as quel âge ?

— Dix-huit… Alors, cette huile ?

— Je t'en aurais donné dix-neuf.

J'avalai à nouveau mon spritzer cul sec. Étonnée par ma requête, elle rapporta néanmoins de la cuisine un bidon de deux litres d'huile de table. Je commençais à la trouver à mon goût, cette serveuse – même si elle n'était pas franchement un canon. Je lui reluquai les genoux : nettement plus affriolants que ceux qui passaient devant ma fenêtre de cuisine.

J'arrosai le sol d'huile, sous les yeux du cul nu qui ne comprenait rien à ce qui se passait. Tout le café fut inondé. Derrière le comptoir, la serveuse agita ses menottes et, souriante, attendit la suite. Le dernier centimètre huilé, je m'assis ; je me servis un nouveau spritzer et montrai à cul nu l'entrée de cave. De la fumée et des jurons s'en échappaient. Comme convenu, cul nu se positionna en haut de l'escalier et, à mon signal, se mit à crier :

— Alors quoi… les pédés ! Me voir là, ça vous fout les boules ? Hé, gros culs, vous êtes sourdingues ou quoi ?

Comme convenu encore, je me planquai derrière le comptoir en tirant la serveuse derrière moi.

Bimbo et sa bande rappliquèrent à toute vitesse. Mais, plus inouï encore, ils glissèrent et se fichèrent par terre. Sorti des W.-C., Nedo saisit une première chaise puis, tranquillement, le geste précis, leur fracassa les autres une à une sur l'échine. Ou, parfois, sur la tête, sitôt que l'un des truands parvenait à se relever et à se mettre droit. Les chaises explosèrent, des morceaux volèrent. La serveuse n'arrêtait pas de ricaner…

Tout ce qui était capable de se tenir debout dans la bande en eut les jambes coupées. Nedo se tourna vers Bimbo, l'attrapa par le pied et le traîna jusqu'au bord de l'escalier. Les souliers de Bimbo dérapaient comme des roues de voiture sur un sol enneigé. Mon cousin le saisit alors par les oreilles et disparut dans la cave pour récupérer l'argent. Au même moment, je jaillis de derrière le comptoir et, de frayeur, me mis à gueuler pareil que Nedo précédemment dans la cuisine de Ćelo avec la tsigane blonde. Quand je voyais l'un des truands remuer sur le sol, je hurlais et cognais au petit bonheur. Et voilà cul nu qui s'accroupissait pour déshabiller l'un d'eux. Ni une ni deux, j'entrepris de lui taper dessus :

— Tiens, voilà pour toi ! Enfin… c'est comme tu le sens !

— Je n'aurais jamais cru qu'il y avait autant de cafés à Sarajevo, dis-je à Nedo en sortant d'un bistrot de Svrakino selo.

Nous avions laissé derrière nous les cabarets, tavernes et autres bistrots, et de tous, nous étions partis avec les honneurs. À chaque table, j'avais fait mettre un *treli-treli*.

Nous entrâmes au café de la vieille tour à Ilidža. Je continuai de commander mon cousin plus âgé que moi, qui, plus surprenant encore, m'obéissait.

— Donne les sous. Tout ! lui demandai-je.

— Non, cousin, s'il te plaît… On fera quoi si on claque tout ?

— M'en fous… Je suis un homme libre !

— T'as que treize ans !

— Je veux boire ! Garçon ! Demande à tous ces gens ce qu'ils prennent !

— Non, pas ça… Je t'en prie !

Tout le café applaudit, on se serait cru à la remise d'une récompense. Je tenais à peine debout… Je sortis l'argent, réglai la tournée générale et, en titubant, me dirigeai vers les toilettes pour une nouvelle tournée de vomissements.

Tiens, me dis-je, les toilettes sont plus où je les ai laissées il y a un quart d'heure…

Je m'enfonçai davantage dans l'étroit escalier, suivis un couloir étranglé, pénétrai dans les entrailles de la terre. L'éclat intense des torches des catacombes me fit cligner des yeux.

Un éclair violent embrasa subitement mes yeux. Quelques pas encore, la lumière se fondit dans l'obscurité et un rideau de peluche qui cachait une petite scène s'ouvrit. Sur l'air d'un tango argentin, apparut une femme avec un popotin énorme qu'elle balançait de gauche à droite. Puis suivant visiblement un protocole secret, des hommes vinrent lui claquer deux baisers, un sur chaque fesse. Ils se prosternèrent devant elle comme devant une divinité. Soudain, elle entonna une chanson pendant qu'un nain sortait un grand clou de 5 et le présentait aux spectateurs regroupés près de la scène. Un tonnerre d'applaudissements éclata. Le nain planta le clou dans une palissade en bois près de lui. La femme continuait de chanter tout en orientant ostensiblement son derrière vers le clou.

— « Je t'aime encore, et ce soir… Ce sera le foutoir. Le foutoir, le foutoir… »

Et le public de scander au rythme du tango :

— Le fou-toir ! Le fou-toir ! Le fou-toir !

La femme se recula, se colla contre la clôture, et absorba le clou entre ses fesses.

— « Je t'êêêêême encooooore ! » chanta-t-elle.

Le silence se fit dans le public. Une légère crispation tendit le visage de la femme qui finit par s'éclairer d'un sourire vainqueur. Puis elle tourna ses fesses vers nous, et chacun put voir le grand clou émerger des deux hémisphères. Un dernier sourire radieux vint gratifier le nouveau triomphe remporté par ses fesses – le clou du spectacle.

La température chutait, même si le thermomètre ne descendait pas aussi bas que l'an dernier. C'en était fini des hivers sibériens à Sarajevo. C'était le week-end et, par la fenêtre de la cuisine, je voyais les gouttes de pluie geler en vol. À leur sortie de l'hôpital, Braco et Azra avaient compris que je leur avais dissimulé la vérité : leur proximité alors qu'ils se croyaient loin l'un de l'autre. Braco était couché sur le divan de la cuisine, Azra sur le lit dans la chambre.

Je réchauffai le déjeuner préparé par m'dame Nada, la voisine. Je mis la table comme au restaurant, pour qu'ils prennent plaisir à manger, et disposai même des serviettes là où il fallait. J'allai dans la chambre et, prudemment, j'aidai Azra à se lever. Sa cicatrice, encore douloureuse, la gênait pour marcher. Elle parvint néanmoins jusqu'à sa chaise.

— Dieu… que c'est dur ! soupira-t-elle.

— Ça va de mieux en mieux. Hier encore, tu n'arrivais pas à te lever.

Braco se mit debout, se lava les mains, et regarda par la fenêtre.

— Dis-moi, Aleksa… Je pense à une chose : ces changements climatiques, ça n'est pas bon pour la Russie.

— Tu crois ?

— Pas de printemps, et plus d'hivers comme dans le temps. Dehors, il fait combien ?

— Moins cinq.

Il s'essuya les mains au torchon de cuisine et, l'air soucieux, s'installa à table.

— Bon Dieu, ça va être dur pour les Russes ! Ils n'ont rien de bon à attendre ! déclara-t-il.

— Quel rapport avec les Russes ?

— Mais si… Comment ils vont se défendre ?!

— Bon, intervint Azra, tu nous lâches avec tes Américains et tes Russes ?! Tu veux que ton cœur s'emballe à nouveau ?

— Qu'il s'emballe donc ! Mais dis-moi ce qui va se passer ? Qu'est-ce qui se produira si la Troisième Guerre mondiale éclate ? Le réchauffement climatique global, tu y as pensé ? Comment repousser les attaques ? Pas d'hiver, pas de défense ! Les autres à l'Ouest n'auront de cesse d'avoir conquis la Sibérie. Putain, on va en voir de toutes les couleurs !

— Laisse tomber… Vois plutôt notre fils !

— Notre trésor de fils !

Braco semblait quelque peu nerveux. Il regardait alentour, une question lui brûlait les lèvres, mais je feignis d'ignorer ce qui le tourmentait. Je me composai la tête impavide de Klaus Klinski dans le film sur les assassinats de masse. Lorsque Azra se traîna jusque dans la salle de bains pour se laver les mains, Braco s'empressa de se pencher vers moi.

— Dis… tu sais où elle est, ma paie ?

Je jetai un regard circulaire, puis fixai ces idiots de peupliers. Je ne savais que répondre. Je finis par sourire.

— Non… c'est vrai ?! Elle sait pas où elle est, ma paie ?!

— Évidemment ! dis-je.

— Super ! Et tu l'as cachée où ?

— Tu sais quand je te dirai où elle est ?

— Non, quand ?

— Quand tu seras grand !

— Hein ?

— 'pa, t'es encore petit. Quand tu seras grand, tu comprendras !

Il manqua de s'étouffer de rire. Dehors, la neige s'était mise à tomber.

Le champion olympique

Il pleuvait, le vent d'automne dépouillait les peupliers de leurs dernières feuilles. Quelqu'un chantait à tue-tête dans la rue, nous nous penchâmes tous les trois au-dessus du divan pour regarder par la fenêtre. En bas, Rođo Kalem, quintuple vainqueur du championnat de Yougoslavie des radioamateurs, se cramponnait au garde-fou.

— Mes chéris, z'avez besoin de quelque chose ?

Notre Rođo était connu comme le loup blanc pour cette sempiternelle question qu'il adressait aussi bien à ses connaissances qu'aux inconnus.

Il était aussi serviable avec les autres qu'il était dur avec sa femme et avec lui-même. Il avait l'habitude de prendre des cuites et, régulièrement, grimpait à quatre pattes l'escalier qui mène en haut de Gorica. Pour Rođo, venir à bout de la pente raide de la rue Goruša et en dompter quotidiennement les marches relevait de l'exploit sportif, comparable à la réussite des minima olympiques.

Les Jeux d'hiver approchaient et, à Sarajevo, tout se mesurait désormais à leur aune. Malgré l'absence de neige, et alors que le mois de janvier était déjà entamé, les gens, inquiets, s'interrogeaient du regard. Cependant, il en était d'autres qui, tenant les Jeux pour superflus, lâchaient entre leurs dents :

« Bah… on avait bien besoin de ça ! »

Dieu seul sait comment, mais Rođo n'était pas au courant des Jeux. Le voyant soudain chanceler, ma mère s'effraya :

— Là, il va tomber…

Une seconde plus tard, Rođo glissait et se fichait par terre. Dans sa chute, il avait agrippé le garde-fou qui séparait la rue en deux volées de marches. Quand il parvint à se remettre debout, il ne put conserver cette position longtemps. Il essaya de prendre appui sur une marche, mais son pied se déroba ; il se retint au garde-fou avec la tête et retomba. À la vue du sang, ma mère se mordit la main. Mon père se précipita dans le couloir et sortit sans chaussures.

— Dieu du ciel, Braco ! Tu ne peux pas aller dans la rue pieds nus.

— Je suis pas pieds nus, mais en chaussettes.

Ma mère s'élança derrière mon père, ses souliers à la main.

Ils relevèrent Rođo qui fixait le ciel.

— T'es pas mort, Rođo ? coassai-je à côté de lui.

Celui-ci marmonnait quelque chose, tout en regardant Dieu sait quoi de ses yeux bleu adriatique.

— Sûrement qu'il vient des Carpates, lançai-je à mon père. Comme tous les Slaves !

— De Düsseldorf ! Il est arrivé de Düsseldorf l'an passé, intervint ma mère.

— Azra, ne va pas embrouiller ce gamin !

— Je n'embrouille personne, il était chez son frère à Düsseldorf, il a travaillé trois semaines sur un chantier.

— Et… il a tout bu ! conclus-je, tandis que ma mère opinait du bonnet.

Quand il posa sa tête sur l'oreiller, Rođo me reconnut instantanément :

— Mais… regardez-le ! Un Kalem, vrai de vrai ! Des yeux bleus, affliction céleste !

— Qu'est-ce qu'il veut dire ? demandai-je même si je n'avais guère envie de connaître la réponse. À tous les coups, il ne le sait même pas lui-même !

Plus tard, je m'endormis avec la sensation d'avoir « des yeux bleus, affliction céleste ». Le lendemain matin, je trouvai ma mère à la fenêtre en train de regarder la pluie qui tombait toujours plus dru.

Rođo avait passé la nuit chez nous sur le divan dans la cuisine. Réveillé de bonne heure, il s'activait comme à son habitude dans l'appartement. Ce n'était pas par reconnaissance, il aimait donner un coup de main aux autres et du même coup s'oubliait, lui. L'œil intéressé, mon père considérait les pièces éparpillées du poste de radio que Rođo avait complètement démonté.

— Je peux tout me figurer, mais qu'une voix humaine traverse l'océan pour arriver jusqu'à mes oreilles, ça tient du miracle ! s'exclama Rođo.

— C'est peut-être grâce au ciel ?

— Le ciel transmet le signal.

— Ça veut dire qu'il sait, le ciel ? demanda mon père.

— Exactement ! fit Rođo

Il boucha le lavabo de la cuisine, le remplit d'eau puis laissa le robinet goutter.

Dans le même temps, mon père et ma mère se penchèrent en avant pour regarder les cercles qui s'élargissaient autour des gouttes.

— Et voilà comment ça se passe, mes chéris !

— Non mais… tu as vu ?!

— Vu quoi ?

— Les ondes qui se propagent.

— Quoi de plus facile si le ciel sait !

— Arrête avec le ciel, le signal est comme une goutte d'eau que le ciel laisse tomber dans la mer ! Tout le mystère est là !

La porte de la cuisine entrouverte laissait voir le millier de pièces du poste de radio qui jonchaient la table à manger, la crédence, le divan, ainsi que les deux fauteuils. Avec la dextérité d'un prestidigitateur, Rođo remit tout en place. Il rebrancha le poste, et aussitôt nous entendîmes les informations : « …En visite à Smederevo aujourd'hui, le camarade Tito a de nouveau souligné que la révolution est autre chose que la vie ordinaire !... »

— Faudra que j'apporte un nouveau condensateur de l'atelier. C'ui-ci fera qu'un temps…, expliqua Rođo.

— Ah oui. Et si tu pouvais regarder aussi le ventilateur, suggéra ma mère. Il grince…

— D'accord, ma chérie. Si t'as besoin de quelque chose, tu le dis.

Sitôt le ventilateur réparé, ma mère trouva très vite autre chose.

— La télé… La 2 ne marche pas bien…

Rođo retourna le poste et repéra immédiatement la panne :

— C'est la prise de terre qui vaut rien !

Il attrapa le câble – quand il le tenait, l'image était impeccable ; quand il le lâchait, il y avait comme un bourdonnement et l'image se déformait. Du pas de la porte, il lança une fois de plus avec un large sourire :

— Au besoin, vous m'appelez !

— Entendu. Mais, cette fois, viens normalement !

— Donnez le bonjour de ma part à yeux bleus, affliction céleste !

Après le départ de Rođo, je me dandinai jusque dans la cuisine et, comme toujours, ma mère me répéta que ma façon de marcher lui déplaisait :

— Arrête de traîner les pieds et tiens-toi droit !

Les Jeux olympiques de Sarajevo approchaient. Les préparatifs battaient leur plein. Sauf qu'il n'y avait toujours pas de neige. Tout le monde s'en étonnait : le nouvel an était passé, mais de neige… point !

Mon jour préféré était le lundi – je n'avais école que l'après-midi. Je dormais longtemps ce matin-là ; il n'y avait personne chez nous. Lorsque je me réveillais, j'allumais une herzégovine de mon père et me faisais du café. Je restais longtemps à rêvasser devant la fenêtre.

Le vent était froid, la rue était déserte. À peine y avais-je jeté un coup d'œil que Rođo apparut sous un peuplier. Complètement soûl – et ce, vraisemblablement, depuis la veille au soir. Il se balançait au vent, chantait, dansait, en trébuchant tous les deux pas. Je le rejoignis et mis en pratique la technique des Partisans d'assistance aux blessés qui se révéla efficace. Je glissai promptement ma tête sous son aisselle, et le traînai vers chez nous.

Devant notre porte, il se redressa, plus ou moins dégrisé, et s'apprêtait à repartir.

— Mon chéri… j'y vais… Mais si z'avez besoin…, bredouilla-t-il en s'effondrant.

Les forces me manquaient, je n'arrivais pas à tirer Rođo jusque dans l'appartement. Heureusement, il semblait dormir – ce fut un soulagement, car j'étais déjà en retard pour l'école.

J'attendis la fin de la dernière heure dans les starting blocks, comme Bob Beamon avant une grande course. En rentrant chez moi, je retrouvai Rođo dans le couloir. Ma mère, arrivée entre-temps, n'avait pas réussi à le traîner seule à l'intérieur.

À deux, c'était plus facile : j'attrapai Rođo par les épaules, elle le prit par les pieds, et Rođo atterrit sur le divan dans la cuisine.

— Toutes les cinq minutes, je suis allée vérifier qu'il était toujours en vie ! Bon. J'appelle les urgences.

— Attends, je vais essayer un truc !

Je pinçai le nez de Rođo qui se mit à gargouiller. Plus besoin d'appeler les urgences : il était vivant !

Mon père rentra, apportant avec lui l'excitation de la conférence de presse, ainsi qu'une certaine véhémence.

— Rođo est venu ?

— Il est là-bas. Il dort.

Mon père alla le réveiller. Puis, renfrogné, il revint à table pour déjeuner et demanda à Rođo de s'amener séance tenante.

— Vous savez, un scandale a éclaté, nous déclara-t-il entre deux bouchées. De dimension internationale !

— Que s'est-il passé ? demanda ma mère.

— Toi, tu t'assieds là ! ordonna mon père à Rođo.

— Oui, mon chéri, qu'est-ce qui s'est passé ? répéta Rođo.

— Sarajevo va accueillir les Jeux d'hiver, tu es au courant ?

— Même les oiseaux sur les branches sont au courant !

— Mais est-ce que tu sais qu'à Sarajevo il n'y a plus le moindre lit disponible ?

— Comment je le saurais, mon chéri ? répondit Rođo.

— Un gars s'est fait démolir… Le correspondant de l'agence de presse tchèque.

Nous ne comprenions rien à ce que racontait mon père.

— Rođo, comment tu as su que c'était un coureur de jupons ?

— Ben, ça se voyait, mon chéri. Je suis pas aveugle !

— Et tu lui as fait quoi ?

— « Qu'est-ce que tu fous chez moi ?! » que je lui ai demandé. Il m'a bafouillé quelque chose en étranger, alors je lui en ai collé une ! Et ma bonne femme s'est jetée sur moi. « Arrête ! qu'elle m'a dit. Je vais t'expliquer ! » « Espèce de souillon ! C'est moi qui vais t'expliquer ! » « Malentendu… » qu'il a fait, l'autre. « Un malentendu… tiens donc ! » « C'est un journaliste ! » qu'elle dit. « Un journaliste… ben voyons !… » Là-dessus, je lui en recolle une, à l'autre. Il l'a pas volé. Ils mentent comme ils respirent, ces gens-là ! Immobile sur le canapé, il bougeait plus… Ma femme, je te l'ai cloîtrée dans la salle de bains ! L'autre, il avait comme perdu connaissance. Je lui ai fichu la tête sous le robinet, il est revenu un peu à lui, et je l'ai expédié aux urgences ! Sinon, il allait bien, il disait pas un mot. Encore un peu, et on parlait plus de lui !

— T'es complètement dingue !

— Hein ?

— Mais, Rođo, aux urgences, ils vont prévenir la police, dire où il s'est fait tabasser. Et la police, bon Dieu, elle est déjà après toi ! Ta femme leur a déclaré qu'elle avait loué une chambre à cet étranger, et qu'avec l'argent elle allait changer le lino de la cuisine !

— Et toi, intervint ma mère en souriant, tu bats comme plâtre un type aussi innocent que l'enfant qui vient de naître, parce que tu crois que c'est un coureur !

Je commençais à me sentir franchement mal à l'aise.

— Azra, ce n'est pas drôle !

— Oh si, c'est drôle ! Un type débarque pour les Jeux olympiques, peinard il loue une chambre… et il se fait ro-o-osser !

— C'était un malentendu !

— Et c'est bien ça qui est drôle !

— Et s'il en prend pour deux ans, tu trouveras ça toujours aussi drôle ? répliqua mon père.

— Non ! dis-je en éclatant en sanglots. C'est pas de sa faute ! Qu'est-ce que tu dirais, toi, si, en rentrant, tu trouvais un type en train de se servir de tes cure-dents ?!

Je m'enfuis et, assis dans l'escalier, me mis à pleurer.

La discussion entre mon père et Rođo fut suivie par les flocons de neige qui s'était mise à tomber la veille de l'ouverture des Jeux. Le vent qui n'avait pas réussi à courber les branches des peupliers se déchaînait, les poulies de la corde à linge de ma mère grinçaient et me faisaient mal au cœur.

Était-ce parce que j'avais peur pour Rođo qui, au dire de mon père, allait se faire arrêter, toujours est-il que j'ai pensé que tous mes mondes s'étaient effondrés. Au même instant, du côté de l'hôpital militaire, apparut une *tristác*, une voiture bleue de la police. Je cessai aussitôt de pleurer et rentrai chez nous en quatrième vitesse. Il était encore temps de cacher Rođo dans la cave.

Mon père se tenait la tête entre les mains.

— Alors…, demanda ma mère. Qu'est-ce qu'on fait ?

— Et si on le cachait…

— Hors de question !

— Mais, pourquoi ?

— Cacher un criminel est un délit.

Bon…, me dis-je. À moi de jouer.

— Le mieux, suggérai-je, c'est qu'il aille de lui-même se présenter à la police. Avant qu'elle ne débarque !

— D'après toi, mon chéri, ce serait une circonstance… atténuante ? demanda Rođo.

— Oui ! C'est obligé !

— Affliction céleste, tu vois quel âne je fais ! Tu n'as rien de bon à apprendre de moi.

Dieu seul sait comment, une idée me vint :

— Je t'accompagne au poste, fis-je en guettant par la fenêtre l'apparition du gyrophare.

— Alors là, bravo ! La faculté d'analyse de mon fils…, s'exclama mon père, ravi.

— Je suis prêt, vous m'en voudrez pas, hein ? Allez, yeux célestes, on est partis !

En bas de l'escalier, dans le hall d'entrée, alors que Rođo s'apprêtait à sortir, je le saisis par sa manche :

— Pas par là ! La police !

Déboussolé, Rođo me suivit au pas de course jusque dans la cave. J'enlevai le cadenas, je le fis entrer.

— Faut pas faire ça, mon chéri.

À peine avais-je refermé la porte que j'entendis des pas. Deux policiers en uniforme et un autre en civil sonnèrent à notre porte. Je retirai le couvercle de notre grand baquet de choux, j'en retirai quelques têtes que je balançai dans celui à moitié vide de Gavrić, un voisin. Rođo sauta dans le baquet, je replaçai le couvercle, et je ressortis. Je ne savais pas ce que mon père et ma mère pouvaient bien raconter aux policiers mais le troisième, celui en civil, partit inspecter les environs.

— Quelle honte ! Un peuple comme nous, dont on vante l'hospitalité jusqu'à l'autre bout du monde !

— C'est bien ce que je lui ai dit ! Mais que voulez-vous, ce n'est pas un méchant bougre...

— Pas un méchant bougre ?! Que va-t-on penser de nous si nous rouons les gens de coups ?

— Ça aussi, je le lui ai dit.

Les policiers balayèrent le hall d'entrée du faisceau de leurs torches, puis descendirent dans la cave. Du grenier, je ne perdais rien de toute l'affaire.

Assis sur mes talons près de la porte, je soupirai de soulagement quand je les vis remonter.

— Comme je vous l'ai dit, il est allé de son propre chef se dénoncer, expliqua mon père. Je m'étonne qu'on ne vous ait pas prévenus.

J'attendis ainsi une demi-heure caché près du grenier avant de redescendre chez nous.

— Ça s'est bien passé ? Il s'est présenté au poste ? demanda mon père.

— Je l'ai accompagné jusqu'au cinéma Stutjeska. Il m'a fait signe en disant : « Le bonjour chez toi, mon chéri ! »

— Il doit en avoir dans le chou pour que ça se termine ainsi !

— Ça, oui, c'est sûr !

La soirée fut calme, mais mon père et ma mère ne se décidèrent pas à aller se coucher. Moi, j'attendais cet instant pour pouvoir descendre à Rođo de quoi manger. Mon père continuait de regarder la télévision, et ma mère de me tricoter un nouveau pull.

— Mais, Azra, j'aime mieux les pulls fins !

— Je n'ai pas d'argent pour en acheter…

Et elle reprit son ouvrage.

Je fis tout mon possible pour précipiter leur départ afin de nourrir Rođo. En vain.

Rođo doit s'aigrir, me dis-je avant de proposer à voix haute :

— Du chou vinaigrette… Tiens, ça me dirait bien.

— Je ne vais quand même pas aller à la cave à cette heure, mon petit !

— Laisse, dit mon père en se levant, j'y vais.

— Non… pas la peine. J'ai comme mal à l'estomac…

— Alors, pas de chou, et pas de vitamine C. Prends le thermomètre, et tu te couches.

Sur-le-champ, je me mis au lit. Sous l'édredon, je n'en pouvais plus d'attendre le moment où mon père et ma mère iraient se coucher. Mais le sommeil me gagna avant.

Je me réveillai à cinq heures du matin, convaincu que Rođo était mort de faim. Ma mère ouvrit les yeux, visiblement inquiète.

— Où tu vas ?

— Au cabinet. J'ai mal au ventre.

Dans la cuisine, comme dans un film passant en accéléré, je sortis du réfrigérateur tout ce qui me tombait sous la main. Puis je me glissai dehors, descendis l'escalier quatre à quatre et, tout en surveillant notre appartement, j'enlevai le cadenas de la cave. Éclairant le couloir avec ma lampe de poche, je m'approchai du baquet de choux. La lampe posée sur le soupirail, je soulevai le couvercle.

— Rođo, c'est moi. Tu m'entends ?

Pas de réponse. La panique m'envahit. Je retirai quelques têtes de choux les unes après les autres, et je compris vite que Rođo avait pris la poudre d'escampette. L'idée de planquer quelqu'un m'avait pourtant plu, mais le plan avait échoué.

— Aleksa, t'es où ?

— Ici.

— Qu'est-ce t'as fabriqué ?

— Rien du tout. Je voulais prendre un peu l'air, j'avais mal au ventre.

Cette nuit-là ne fut pas seulement celle de l'obscurité sur la terre, elle fut aussi celle de ma première transgression. J'avais voulu franchir la ligne rouge, mais ça n'avait pas marché. Retour au lit.

Un matin comme les autres. Mon père me réveilla, et je le suppliai de me laisser cinq minutes encore. Je fermai les yeux. La radio diffusait le bulletin d'informations :

« … Hier soir, à la veille de l'ouverture des Jeux olympiques de Sarajevo, la piste de bobsleigh a été inaugurée de façon informelle. Deux citoyens majeurs, Milen Rođo Kalem, domicilié dans le quartier de Gorica à Sarajevo, et Dejan Mitrović, gardien de la piste et natif de Pale, ergotaient sur la vitesse à laquelle un bob dévale une piste verglacée. Les deux hommes ont ensuite décidé de faire le pari suivant : moyennant une bouteille de rakija, Rođo descendrait la piste sur un sac plastique. Pari tenu. Et… sitôt dit, sitôt fait. »

Des joueurs de dés découvrirent Rođo, la peau brûlée, et l'emmenèrent à demi mort à l'hôpital. Ni mon père ni la police de Sarajevo n'eurent plus dès lors à se soucier du scandale causé par le technicien, champion de Yougoslavie des radioamateurs.

Quand nous allâmes lui rendre visite à l'hôpital de la ville, Rođo, le corps entièrement bandé, immobile, nous regarda et, avec beaucoup de difficultés, nous demanda :

— Mes s'éris, z'avez besoin de quelque s'ose ?

Le nombril, porte de l'âme

Les Années de l'âne, de Branko Ćopić, m'arriva de Belgrade par courrier. La lettre tombée du colis portait le cachet de la poste centrale de Sarajevo avec l'adresse : Aleksa Kalem, 22 rue Jabučica Avdo. C'était le premier paquet que je recevais à mon nom. Au dos de sa carte de visite, Ana Kalem, directrice de l'institut des Relations internationales du travail, avait écrit : *À mon cher Aleksa, pour ses dix ans. Joyeux anniversaire ! Tante Ana.*

Ce cadeau ne me fit pas plaisir. Je partis à l'école plein d'appréhension matinale. Quand la cloche sonna la grande récréation, je pris possession le premier des W.-C. des grands – on les appelait ainsi parce qu'on y fumait. La LD filtre était la cigarette des écoles car elle s'achetait à l'unité. Une seule faisait dix élèves de 3 C.

— Pas comme ça ! reprocha Ćoro à Crni. Faut inhaler longuement la fumée, pour qu'elle arrive jusqu'à ton petit orteil.

Il paraissait expliquer comment fumer mais, en fait, il en profitait pour tirer des bouffées plus souvent qu'à son tour.

— J'ai un sacré problème..., avouai-je subitement. Qu'est-ce que je peux faire ?

— Ça dépend... À propos de quoi ?

— Ils veulent me forcer à lire des bouquins... Je préfère aller en maison de correction !

— J'ai un remède.

Je manquai de m'étouffer ; le tabac d'Herzégovine. Ça avait beau être la grande récréation, on n'avait pas l'éternité pour fumer.

— Un remède ?... Lequel ?

— D'ici la fin de l'année, il faut que mon frangin ait lu *Le Rouge et le Noir*, de Balzac.

— Stendhal. Balzac, c'est *Le Père Goriot* qu'il a écrit.

— Tu me demandes un coup de main, et tu fais chier !

— J'en suis quasiment sûr...

— Savoir qui a écrit quoi, c'est important ? Bon, voilà... À l'école, ils ont dit au frangin que s'il lisait pas ce fichu bouquin il redoublait sa 7e. La mère l'a attaché sur une chaise en le menaçant : « Je te surveille jusqu'à ce que t'arrives au bout de ce livre ! Quitte à ce que tu en crèves de lire, et moi de te tenir à l'œil, mais ce putain de mec, tu l'auras lu ! »

— Quel mec ?

— Ben... Balzac, tiens ! Là-dessus, Miralem a commencé à geindre : « Mais, maman, pourquoi tu me fais ça ? » Et elle l'a rembarré : « Et t'oses me le demander ?! Ton pauv' père était porteur. Mais toi, tu finiras pas comme lui ! Sinon, c'est à désespérer de tout ! » Et elle l'a ligoté. Bien comme il faut !

— Allez… Et avec quoi ?

— Le fil du fer à repasser. Et elle m'a expédié à la bibliothèque chercher le livre. Alors que j'allais partir, Miralem m'a fait signe et m'a fourgué un mot dans la main : « Va chez Rasim, le boucher. Tu demandes cent cinquante morceaux de *stelja*[1] coupés fin. » Je suis allé à la bibliothèque, puis à la boucherie ; Rasim a coupé ça en petits morceaux, un à grignoter toutes les deux pages du livre. Le soir, ma mère s'est assise sur le divan en face de Miralem avec une pleine cafetière de café et l'a plus quitté des yeux. Lui, il reluquait la *stelja* comme s'il lisait, et quand il voulait en manger, il avançait bien le livre comme pour tourner une page de Balzac, et en piquait un morceau. Les cent cinquante lui ont fait les trois cents pages. Et la mère qui a pensé qu'il avait tout lu !

À cause des *Années de l'âne*, chez nous, c'était l'état d'exception. Plutôt que de se préoccuper de choses importantes, mon père et ma mère se mirent à faire la liste des grands livres de la littérature mondiale que je n'avais pas lus.

— Dis, m'man, si on ne lit pas, on risque de mourir ?

Ce fut la première question sérieuse que j'aie jamais posée à ma mère. Elle eut un sourire énigmatique et

1. Viande de bœuf séchée.

me fit asseoir sur une chaise ; l'idée me vint qu'elle était peut-être tombée d'accord avec la mère de Ćoro et qu'elle allait reprendre à son compte sa technique du ficelage.

Si tel était le cas, impossible pour moi d'imiter Miralem… j'avais horreur de la viande de bœuf séchée ! Rien qu'à penser au suif et au gras, mon estomac se retournait. Mais ma mère était du genre stratège :

— Regarde un peu comme ils sont futés, dit-elle en caressant des livres richement reliés. Il suffit d'en lire un, et tu apprends un nouveau mot. Cette règle, tu en as entendu parler ?

Enrichir mon vocabulaire me laissait de marbre. Elle me montra *Winnetou*, de Karl May, *La Société de Pero Kvržica*, *Le Train dans la neige*, de Mato Lovrak. Toute cette agitation autour de la lecture relevait pour moi du harcèlement. Je ne décolérais pas. Branko Ćopić était une connaissance de ma tante, ça me déplaisait.

— Pourquoi elle connaît pas plutôt Asim Ferhatović ? Il pourrait me faire assister gratis aux matches du FK Sarajevo !

— Ta tante est une révolutionnaire, Aleksa ! Tu ne peux pas dire des choses pareilles ! Tu ne peux pas te montrer si primaire.

— Hein ? Tu traites Hace de primitif !

Je bouillais, j'aurais éclaté si quelqu'un s'était mis à insulter le footballeur qui, à lui tout seul, avait battu le Dinamo Zagreb, chez eux, 3-1 !

— Je n'ai rien contre ton Ferhatović, mon fils, mais tes deux pépés sont l'un et l'autre fonctionnaires, tu ne peux pas être contre les livres !

— Ben quoi, je suis pas obligé non plus de jouer au foot ! Ce film-là, vous ne risquez pas de le voir !

Tandis que je m'embrasais comme un feu de forêt attisé par le vent, ma mère attrapa le fer à repasser.

— Ah, non ! hurlai-je. Tu ne vas quand même pas me ligoter avec le fil !

— Qui parle de te ligoter ? s'inquiéta ma mère. Tu perds la tête ou quoi ?

Les pressions psychologiques ne produisirent aucun effet, et il ne venait pas à l'esprit de lire autre chose que des comptes rendus de matches. En signe de protestation, je m'intéressais même à ceux concernant les divisions deux, trois, voire quatre, dans *Vecernje novosti*. Sur ma table de nuit s'empilaient mes premiers livres à lire. Mon père en était à présent convaincu : on ne ferait pas de moi un intellectuel.

— On n'y peut rien, s'il se bute. Laissons-le jouer, il a toute la vie devant lui. Peut-être qu'un jour, il se débouchera !

Cette phrase se projeta dans mon sommeil. À peine ma mère m'avait-elle bordé avec la couverture de laine qu'un mauvais rêve vint me tourmenter : un grand lavabo de la taille de la piscine des bains turcs de la Baščaršija m'apparut, avec, dedans, une lavette. De loin je vis arriver un inconnu ; il fallait déboucher le lavabo. L'eau coulait du robinet, elle débordait déjà, et commençait à me remplir la tête. J'étais éveillé, pleinement conscient, mais dans l'impossibilité de remuer les mains. Je finis par hurler, me réveillant au beau milieu de la nuit, baignant dans ma sueur, comme aurait dit Zviždić, le voisin.

— Qu'est-ce qu'il y a, mon petit ? me demanda ma mère. Pourquoi as-tu le cœur qui bat aussi fort ?

Comment lui dire combien la phrase de mon père m'avait ébranlé ?

— S'il te plaît, dis à Braco de me ficher la paix, sanglotai-je tandis que ma mère me serrait dans ses bras pour me consoler.

— Mais, enfin, Aleksa, il ne te veut que du bien !

Soudain je compris le sens de « L'enfer est pavé de bonnes intentions ». Dieu fasse que Braco n'en soit pas plein.

— Tu vois ça ?

Du doigt, elle désignait mon nombril.

— Oui. Et alors ?

— C'est la porte de ton âme.

— Le nombril… la porte de l'âme ! Te moque pas de moi !

— Je te parle sérieusement. Les livres sont la nourriture de l'âme.

— Alors je n'ai pas besoin d'âme.

— On ne peut pas vivre sans.

— Et l'âme… elle se mange ?

— Non, pour l'empêcher de se rabougrir, il faut lire.

Elle me chatouilla et me tira un sourire ; mais cela ne signifiait pas que je gobais ses histoires d'âme.

— Je ne suis pas encore un homme.

— Comment ça ?

— On est un homme quand on est grand !

Loin de moi l'idée de me fâcher avec ma mère, sans doute parce que j'étais sûr d'être dans mon bon droit. Pourtant, les craques qu'elle me servait me dérangeaient.

Tout en cherchant comment me conduire vers mon premier livre, Azra finit par se rappeler que j'étais membre de l'Union des éclaireurs de Yougoslavie. Aussi m'apporta-t-elle un soir dans ma chambre le livre de Stevan Bulajić, *Les Éclaireurs du lac aux loutres*.

— Tiens, tu liras ça. Tu ne vas pas le regretter, mon fils !

— Azra, je t'en prie ! Punis-moi tout de suite. Dis-moi plutôt de me mettre à genoux sur des grains de riz, et qu'on arrête de se torturer, toi et moi !

— Pourquoi donc te punir ? Tu n'as rien fait de mal !

— Parce que votre littérature, c'est un vrai supplice ! Mes yeux se mettent à bigler à la troisième page, et ça ne me sert à rien ! Plutôt les grains de riz que vos livres !

L'histoire des éclaireurs ayant fait long feu, ma mère opta pour la littérature plus populaire : sachant que je préférais les Indiens aux cow-boys, elle acheta sur son treizième mois la collection complète des livres de Karl May. L'Indien chéri n'eut pas plus de succès que les héros précédents. Comme chaque fois, mes yeux louchèrent dès la troisième page, se figèrent à la quatrième, et mon cerveau se pétrifia à la cinquième.

Sa patience épuisée, mon père se fit stoïquement une raison : désormais, les Kalem ne compteraient pas d'intellectuels dans leurs rangs.

— Fiston, si tu continues comme ça, tu vas finir comme Oblomov, le héros russe : tu liras ton premier livre à ton départ en retraite ! conclut mon père en buvant son café, tandis que radio Sarajevo enchaînait ses tubes matinaux.

Je me préparais pour l'école et, avant de partir à son travail, il me lança un définitif :

— Voilà… Ce sera comme ça, et pas autrement !

— C'est qui, cet Oblomov ? demandai-je à ma mère. Est-ce qu'il me fichera un jour la paix, l'autre, avec ses révolutionnaires russes ? J'en ai rien à faire de ces aventuriers !

— D'abord, ce n'est pas « l'autre », mais ton père. Et, Oblomov, non… je ne connais pas !

— Azra, votre littérature, ça ne m'intéresse pas. Va donc en haut de Gorica et regarde-la, la littérature ! Tous les jours, elle se déroule devant mes yeux. Là-haut, tous les jours les tsiganes font de vrais romans ou des nouvelles – enfin, ce que vous appelez vos histoires.

— On lit des livres pour comparer son existence avec celle des autres, et pour, au bout du compte, devenir grand !

— Et si moi, je ne veux pas devenir grand ?

— Ça ne se peut pas.

— Pourquoi il faudrait que je lise alors que je peux regarder un livre en vrai ? Allez, dis-le-moi !

— Le cerveau de l'homme a besoin d'exercice, car c'est un petit muscle, tu sais.

— Si c'est ça, j'ai mieux.

— Mieux que la lecture ? Vas-y, je t'écoute…

— Balancer des coups de boule dans la gouttière pour l'entraîner ce petit muscle !

— Malotru !

— Mais mince, c'est l'été ! Lire pendant l'été, d'où vous vient cette idée ?

— Mon petit, j'ai comme l'impression que tu te moques de nous et que tu lis en cachette.

— Comment ça ?

— Eh bien, à ta façon de t'exprimer. On croirait que tu as lu au moins trois livres !

Pour partir en vacances, nous quittâmes la gare de Normalna pour Makarska. Sitôt dans l'autobus, Azra me donna d'abord un « navisan », puis elle prit elle aussi un médicament contre le mal des transports. À Hadžić, déjà, je me mis à vomir et à rendre l'âme. À Konjić, le drame a éclaté : le chauffeur refusait de s'arrêter.

— Mais enfin, à moins d'une grande catastrophe, je ne peux pas stopper mon véhicule ! J'ai un itinéraire à respecter !

— Tu devrais avoir honte ! Cet enfant vomit tripes et boyaux, et toi, tu me parles d'itinéraire ! Un itinéraire, ça veut dire quoi pour lui ?

— Un parcours à respecter, bécasse ! cria quelqu'un du genre ours.

— Sacrée tête de mule ! Si je m'arrête, ils vont rabioter mon salaire ! Et mes gosses, c'est toi qui vas les nourrir ?

— Si tu ne t'arrêtes pas là, je t'étrangle ! Ton itinéraire, je m'en fous !

Ma mère se planta derrière le chauffeur, avec entre ses mains, tendue comme un cordon de soie, une serviette pour l'étrangler.

Aussitôt, il se gara sur le bord de la route. D'un bond, je fus dehors et, épuisé, je vomis. Tel un peuplier que le vent courbe, je vis l'autobus se pencher sous le poids des passagers qui me regardaient rendre, et, posée dessus, une lune d'une taille inouïe.

— Que de la bile, camarade.

— Rien de plus grave, vous croyez ? s'inquiéta une vieille femme.

— Non, dit ma mère. Cet enfant est malade en autobus.

Passé Metković, le sommeil me gagna. Comme si je n'avais pas vomi auparavant. Dormir m'apporta vite le repos, mais aussi une idée qui fusa dans ma tête : dans mon combat contre la lecture, la fatigue pouvait venir à point nommé. En faisant les bagages, Azra avait glissé en douce dans l'un d'eux *Davy Crockett*, un livre illustré. Dans l'autobus, déjà, elle le feuilletait, et le refermait souvent afin d'en présenter la couverture – elle espérait ainsi attirer mon attention sur un blondinet souriant coiffé d'une calotte prolongée d'une queue qui lui descendait sur les épaules, comme sur les emballages de chocolat Kras où figuraient des filles avec des nattes leur tombant sur la poitrine.

L'autobus s'arrêta à Makarska au lever du jour, dans une atmosphère de fruits pourris – la gare routière jouxtait le marché. Sur l'étal qui présentait des marchandises chargées à Metković, était assis un grand costaud qui chantait « Que vaut Londo-o-one par rapport à Split la lio-o-one ? »

— Le week-end a été bon ? demanda-t-il à un homme qui rangeait des paprikas.

— Sacré week-end, mon gars ! Du tonnerre, comme le Dinamo !

Dans la cour d'une maison de deux étages, qui puait le moisi, un type avec un crâne d'œuf, d'épais sourcils et un visage rubicond nous attendait avec les clés. C'était le propriétaire ; des veines capillaires lui congestionnaient le visage.

— Dieu nous préserve des ivrognes et de l'odeur d'alcool ! chuchota ma mère.

— Pas d'alcool, Azra ! Il boit du vin, dis-je.

— C'est pareil, c'est toujours de l'alcool !

Je le savais à cause de la chambre de mes parents – selon ce que mon père avait bu la veille, les murs exhalaient une odeur différente.

— Mais d'où il sort, c'ui-là ?! On arrive, et plutôt que régaler le gosse avec des figues, il demande pourquoi on n'a pas envoyé l'argent ! Et, en plus, il dit que du coup, c'était pas la peine de venir !

Dans la chambre, nouveau désagrément pour Azra qui ne se gêna pas, là non plus, pour le faire remarquer :

— Des serviettes de toilette, ça ? De vulgaires lavettes, oui !

Elle les jeta par terre et sortit les nôtres d'un sac, puis nos draps et couvertures, et recouvrit le matelas avec la literie amenée de Sarajevo :

— Là ! Maintenant, les vacances peuvent commencer…

On dirait qu'elle procède à l'ouverture des Jeux olympiques, me suis-je dit avant de céder au sommeil.

Si la maison n'avait rien pour elle, avec ses relents de pourriture et de vin aigre montant du sous-sol, elle permettait néanmoins d'échapper à la littérature mondiale : elle était distante de deux kilomètres de la plage, et la fatigue due au long trajet avait un effet bénéfique.

Ma mère n'avait pas pour autant renoncé à me forcer à lire. À tout bout de champ, elle me fourrait son *Davy Crockett* sous le nez. Tandis qu'elle lisait, je voyais son petit rictus. Mais je ne mordis pas à l'hameçon. Au retour, à mi-chemin, j'assenai le coup de grâce à la lecture :

— Azra, porte-moi. Je ne tiens plus debout…

Qu'une mère se coltine un grand dadais de neuf ans et de presque sa taille, d'accord, ce n'était pas normal, mais nous n'étions pas très loin de la maison ; et, ce jour-là, mon plan fonctionna. Pour le lendemain, j'en imaginai un autre.

Des gars de mon âge jouaient au water-polo dans le port – les jeunes du club local.

— Ma mère veut que je m'entraîne, leur dis-je, mais qu'est-ce tu veux faire à Sarajevo quand… y a pas les conditions ?!

En réalité, je formulais là les mêmes revendications que mon père, et les traduisais dans ma langue. Car celui-ci consacrait quatre-vingt-dix pour cent de son temps libre à parler politique ; avec, pour dada, l'absence de tout sens des équipements collectifs chez l'homme balkanique. Et il abattait son atout maître, cette vérité : il n'y avait aucune piscine dans nos villes. Et ce, même si l'on disait parfois que Pavle Lukač et Mirko Petrinić pratiquaient le water-polo à Bembaša…

Je réussis à ferrer ma mère, qui décida d'aller voir l'entraîneur du club de Makarska.

— Pourquoi pas ? déclara ce dernier en me jaugeant. Une fois grand, il sera de la taille de Veli Jožc !

— Ce qui signifie que question stature et gabarit, tu as le type dinarique ! m'annonça ma mère toute à sa fierté de m'avoir gavé depuis ma petite enfance de fruits et de légumes, mais aussi de son infecte huile de foie de morue.

Nager et passer le ballon n'étaient pas faciles, sans même parler de marquer un but. Sous l'eau, où j'avais la tête la plupart du temps, je me remémorais les encouragements prodigués par Mladen Delić à nos bleus : « Nos dauphins ont surclassé l'équipe première de Hongrie 5-1 ! Félicitations à Janković. Merci à son père, merci à sa mère ! »

Le soir, je trouvais à peine assez de force pour croquer un quignon de pain et m'effondrais épuisé sur le divan, de sorte que ma mère devait me déshabiller et me coucher. Jusqu'à la fin de notre séjour à Makarska, la question de la lecture ne revint plus sur le tapis.

Le dernier jour, alors que le soleil était caché, je ne parvenais pas à détacher mon regard de la mer. Je ne songeais même pas à me baigner, désolé à l'idée que, toute l'année à venir, je ne pourrais plus voir le gros rocher arrondi émerger de l'eau. Tout en suivant des yeux les vaguelettes qui venaient éclabousser les galets du rivage, j'essayais d'imaginer la plage déserte. Ne pas être là quand la pluie se mettrait à tomber, ne pas observer les vents violents emportant les branches cassées, ne pas pouvoir suivre les broussailles rouler sur la plage – tout cela me chagrinait. Et, surtout, ne pas revoir ensuite étinceler le soleil !

C'est à cause de ce genre de peine, qui provoque des élancements sous le nombril, qu'en russe le ventre se dit *život*[1], m'avait un jour dit mon père.

Je me pliai en deux et bus de l'eau de mer pour fortifier mes souvenirs de ces vacances.

Le petit Douglas décolla de l'aéroport de Split, et les oreilles me firent mal. Quand la pression se transmit à mes yeux, je craignis qu'ils giclent de leurs orbites.

— Sans yeux, je ne serai plus jamais obligé de lire ! murmurai-je, pour qu'Azra n'entende pas.

1. En serbo-croate, ce même mot signifie « la vie ».

Et cette éventualité ne me déplut pas. Quand nous atterrîmes à Surčin[1], un crépitement se déclencha dans mes oreilles. Qui sait pourquoi, c'était un bien. Peut-être était-ce là un bon instrument contre la lecture.

Lors de notre visite chez ma tante Ana, à Belgrade, j'avais encore le goût du sel dans la bouche. Son appartement était proche de l'église Sveti Marko, et l'entrée se reconnaissait au Dušanov grad, un restaurant dont l'excellente carte était réputée loin à la ronde. Ma tante habitait 6, place Terazije. L'exaltation me propulsa jusqu'au premier étage. Tandis que ma mère sonnait à la porte, une douce angoisse s'empara de moi, comme chaque fois que je rencontrais quelqu'un qui m'était cher. Lorsque ma tante ouvrit la porte, elle me serra dans ses bras, heureuse. Aussitôt, le petit prétentieux se réveilla en moi :

— Belgrade a fière allure avec personne dans la rue !

— C'est en août que la ville est la plus belle.

— Où sont passés tous ces Belgradois à triste mine ?

— Ils se baignent dans la mer ou s'occupent du jardin de leurs parents. Mais, dis-moi, as-tu lu *Les Années de l'âne* ?

Honteux, je baissai les yeux. Dans le séjour, Chopin, Beethoven, le brave soldat Chvéik, Mozart

1. L'aéroport de Belgrade, aujourd'hui Nikola-Tesla.

braquaient leur regard sur moi. Les fonctions de ma tante l'amenaient un peu partout dans le monde, et elle rapportait de ses voyages les bustes de types importants.

— Pourquoi tu fais cette tête ? Allons, sois franc ! Tu l'as lu ou pas ?

— Non, ma tante, avouai-je, les yeux embués de larmes, avant d'ajouter : A-t-on jamais vu quelqu'un lire en été ?

Elle sourit.

— Calme-toi, Aleksa. On n'est plus en été, l'automne est déjà là.

Et elle est allée jusqu'à la bibliothèque dont elle a ramené un livre.

— Tiens. Pour celui-ci, aucune concentration n'est nécessaire.

Elle me tendait *Autosuggestion* d'Émile Coué, et l'ouvrit à la page : « Chaque jour à chaque regard, je progresse. »

Je lus cette phrase à voix haute, et j'éclatai de rire.

— Même pas vrai !

— Tout le problème est là. Ça te plaît ? demanda ma tante.

— En fait, c'est pas possible, hein ?

— Pas possible… Quoi donc ?

— Ben, ça… Progresser chaque jour à chaque regard, répliquai-je en ricanant.

— Alors, tu vas me répéter cette phrase cent fois. Qu'importe si, selon toi, ce n'est pas la vérité, tu finiras par le croire…

Cet après-midi-là, ma mère téléphona à mon père à Sarajevo.

— Notre fils ne fait que répéter « Chaque jour, je progresse à chaque regard ». Et ça, sans quitter des yeux un point sur le papier blanc. Il prétend qu'il se concentre !

Les Années de l'âne fut mon premier livre. On y découvrait que les hommes avaient une âme, et je n'eus aucun mal à m'en croire également pourvu. Le héros du livre, arrivé à la gare avec son grand-père, avait, sans frapper, ouvert la porte de mon âme bien avant, quand je fixais le point blanc. Le petit Branko Ćopić franchit cette porte ouverte alors que son grand-père le conduisait au pensionnat. C'était la première fois qu'il voyait un train, et il crut à un serpent. Ce fut là le point de départ, mais quand tous les héros de Branko Ćopić se mirent à défiler par cette porte comme lors de la parade célébrant l'anniversaire de Tito, je compris tout le bien-fondé de ma théorie sur l'illogisme de lire en été.

Comment oublier cet automne et la joie que me procura Branko Ćopić ? Comment oublier également la photographie où mon père posait avec notre grand écrivain ? Elle fut prise à l'hôtel Evropa où Braco, mon père, et Branko Ćopić avaient fait connaissance.

Apprenant que son fils avait lu son premier livre, Braco demanda à Miki Đurašković, le photographe, de venir à l'hôtel. Ma mère m'endimancha et me conduisit en tramway. La glace était succulente. Alors que j'entamais la troisième boule, mon père et Branko Ćopić entrèrent dans le grand salon. Ce dernier ne cadrait pas avec l'allure que je lui avais imaginée. Je m'attendais à voir l'imposant Baja Bajazit, pas le minuscule Biberče. Quand il me tendit la main, le flash d'un appareil photo nous fit sursauter, ma mère et moi.

— Dis à m'sieur Branko comment tu t'appelles, me souffla Azra en m'attrapant le bras pour le tendre vers Branko Ćopić.

Jamais je n'oublierai la pression de sa main.

— A… Aleksa… Aleksa… Kalem, balbutiai-je.

— Et dis-lui comment tu trouves *Les Années de l'âne*…, continua de me chuchoter ma mère.

— À quoi bon, il le sait mieux que moi !

Au même moment, je me rappelai l'histoire de mon père, la peine qui nous élance sous le nombril, le fait qu'en russe le ventre se dit *život*. Tandis que je tenais ma mère par la main, ma question fusa :

— M'sieur Branko, pourquoi le ventre se dit *život* en russe ?

— Parce que derrière le nombril, il y a l'âme, et que sans âme, il n'est pas de vie.

Il pointa le doigt vers mon nombril et me chatouilla. Je souris.

— Il faut prendre garde…, murmura-t-il.

— Je sais : à ce qu'elle ne dépérisse pas !

— Mais non ! À ce que personne ne te la dévore !

Toutes les fois où je quitte Sarajevo pour partir à l'étranger, il me faut faire escale à Belgrade. C'est le lien qui me relie au monde. J'ai toujours plaisir à m'y arrêter, à dormir chez tante Ana. De l'aéroport, pour gagner le centre-ville, il faut emprunter Bankov most, le pont Branko. Chaque fois que j'y passe, j'aperçois m'sieur Branko. Je le salue. Et il me salue en retour.

Après la Seconde Guerre mondiale, Branko Ćopić était venu de la montagne de Grmeč en Bosnie pour chercher son oncle à Belgrade. Ne le trouvant pas, il avait dormi sur le pont Aleksandar Karađorđević. Bien des années plus tard, l'âme toute rongée par le drame yougoslave, il s'était empressé de régler au plus vite ses affaires. Il craignait pour ses héros : Nikoletina Bursać, Baja Bajazit, Ježurak Ježić, Dule Dabić.

Qu'adviendra-t-il d'eux si tout s'effondre ? s'interrogeait-il sans pouvoir y répondre.

Et un jour, il est revenu à l'endroit où il avait passé sa première nuit à Belgrade. Il ne s'est alors trouvé personne pour le saluer. Intriguée, une femme s'est arrêtée, l'a suivi des yeux, puis a esquissé un geste du bras en le voyant gagner l'autre côté du pont. Branko s'est arrêté à son tour et, avant d'enjamber le garde-corps, il a aperçu cette femme, ainsi que son signe, son désir de le saluer. Il s'est tourné vers elle, lui a répondu, et s'est précipité dans la Save.

Dans l'étreinte du serpent

I

Kosta, l'éternel adolescent.

Allongé sur son âne, il parvenait habilement à garder l'équilibre sur la selle. Même pendant son sommeil, son sourire ne s'effaçait pas de son visage – au dire de ses compagnons de chambrée à la caserne. Lui donner un âge n'était guère aisé. Ni jeune ni vieux, haut de taille, il avait un nez droit surmonté de grands yeux bleus et, tel un ornement, un sourire ravageur qui s'élevait régulièrement de ses lèvres charnues.

L'âne trottinait. Les yeux tournés vers le ciel, Kosta fredonnait un air populaire tandis que, sous son calot de soldat, sa tête ballottait sur la selle. Il suivait, d'un côté, l'ascension d'une grande lune, et de l'autre, la disparition d'un grand soleil. Tout à coup l'âne se figea ; dans sa chute, Kosta se retrouva tant bien que mal sur le chemin de terre. À ses pieds, une vipère... Bariolée, menaçante, elle dardait des coups de langue. Sans baisser la tête, l'âne chauvit simplement des oreilles comme si, lisant dans les pensées de Kosta, il savait qu'il fallait attendre sans bouger qu'elle s'enfuie dans la pierraille. Comme elle restait là, Kosta retira son fusil de la selle, introduisit une balle dans le canon, et visa. Il pressa légèrement la détente mais, soudain, arrêta son geste.

— Ne jamais toucher à un serpent ! lui avait dit autrefois son grand-père.

— Jamais… et pourquoi donc ? s'était étonné le petit Kosta.

— Les serpents nous ont certes incités au péché, mais quand il a fallu quitter le paradis, ils sont partis avec nous !

— Alors, faut que je me laisse mordre puis emporter par le venin dans d'atroces souffrances ?

— Pourquoi veux-tu qu'ils te mordent si tu les laisses tranquilles ?

Et cette fois encore. La vipère toujours en joue, Kosta la regarda filer sur le chemin puis s'éclipser derrière le premicr fourré.

Quand, menant l'âne, il entrait dans le village où il venait quotidiennement chercher le lait pour la caserne d'Uvijeće, un spectacle typique de l'Herzégovine s'offrait à lui : une vache, un arbre, une femme, un chien de berger šarplaninac, une maison attenante à une étable. D'ordinaire, c'était une vieille mégère qui le servait. Aujourd'hui, Kosta avait devant lui une robuste Herzégovinienne, qui le regardait avec des yeux de biche. Du même air, pensa-t-il, qu'un cerf fixant les phares d'une voiture qui a failli le percuter. La femme s'arrêta de traire la vache.

Kosta décrocha les gamelles du dos de l'âne et pénétra dans l'étable.

— Mlada ? Tu es promise ?

— Ça date… Un souvenir aujourd'hui, rien de plus !

— Je vous ai déjà vue, non ? demanda Kosta ébahi par sa beauté.

— Oh, ils m'ont bien gardée !

— De quoi ?

— De tout. D'un fiancé, d'un voleur, des hommes ! Ils guettaient l'occasion !

— Et ils ont réussi à… te protéger ?

— Même de la vie !

À l'autre bout de la cour, la vieille mère, robuste elle aussi, acariâtre de visage, rentrait des meules de foin dans l'étable. Comme Mlada gratifiait Kosta d'un beau sourire, elle intervint :

— Qu'est-ce t'as à regarder bêtement comme ça ?!

— Je ne regarde pas bêtement, la mère, répondit la jeune femme.

— Que j'aie pas à te le redire, hein !

— Depuis la caserne, expliqua Kosta, il y a loin. J'ai le dos cassé à monter cet âne, alors je m'étire, je pivote à gauche, à droite, et vous allez penser que…

— Tu veux dire que t'as mal aux fesses ?

— Oui. Aussi…

— Il y a un remède. Je vais te cueillir du plantain.

— Et moi, m'asseoir dessus !

Kosta sourit, pensant que cette blague était un gage de bonne volonté.

— Zaga Božović. T'en as entendu parler ?

— Non.

— Fais pas l'innocent ! Tu connais pas mon fils ?

— On a parlé d'un certain Božović qui fait la guerre en Irak pour de l'argent.

— Lui-même ! Sauf qu'il est plus en Irak. C'est en Afghanistan qu'ils l'ont envoyé.

— Mais bien sûr ! Qui n'a pas entendu parler de lui ?

— Alors tu reluques pas sa fiancée… et tu joues pas avec ta vie !

— Mais enfin, je suis là… comme ça. C'est tout !

Kosta chargea le lait sur l'âne et parvint tout de même à regarder Mlada en douce et à lui dérober un sourire. Puis il tourna les talons et, avec les gamelles, s'en alla par la vallée.

Chevauchant l'âne à l'envers, il observait le village en pensant à Mlada tandis que l'horizon s'obscurcissait. Dans le ciel, deux faucons exécutaient leur numéro d'acrobatie. C'est l'amour, songea-t-il, qui les transporte. Ce spectacle le ravit, et aussitôt le désir le prit d'évoluer lui aussi dans le ciel en toute liberté. Le temps d'un clin d'œil, et il se vit volant tel un oiseau. Et voici Mlada qui, à son tour, prenait son essor. Au même moment, l'âne stoppa net et resta cloué sur place. Il venait de voir un serpent sinuer de derrière un rocher. Un autre s'en extirpa, plus gros encore. Kosta tint l'âne en bride et les observa sans crainte, mais avec respect. Doucement, il plongea la main dans une gamelle, y puisa du lait, qu'il répandit sur le chemin. Il regarda alentour avec une curiosité enfantine et versa à nouveau du lait. Les serpents restèrent sans réaction. Prudemment, Kosta descendit de la selle, les contourna au large, et reprit la direction d'Uvijeće. L'âne et lui s'éloignèrent, parvinrent à la pente qui descendait vers la caserne. Les serpents étaient toujours aussi immobiles.

Dissimulé derrière un buisson de millepertuis, Kosta sortit sa lunette et tenta d'apercevoir les serpents au loin. Et, ô surprise, ils étaient en train de boire le lait sur le chemin de terre – cette scène agrandit son sourire débonnaire et renforça le plaisir qu'il laissait paraître dès que la moindre occasion s'en présentait.

Encore tout imprégné de cette rencontre avec les serpents, il entra dans Uvijeće et, dans les tranchées creusées tout le long de la plaine en aval, vit les soldats et les paysans qui défendaient leurs foyers contre l'ennemi. Celui-ci était partout dans les collines qui dominaient le village. Kosta évitait prestement les tirs des snipers postés sur son chemin. À bondir comme il le faisait, à se plier, à se casser en deux, à se redresser, il avait par moments la sensation de danser – et son visage s'éclairait plus encore, à croire que sourire l'aidait à esquiver les balles et à lui éviter ainsi une mort assurée. Il parvint à rentrer l'âne dans l'étable et, sitôt après, apporta à la cuisine les gamelles dont il avait perdu du lait en courant. Planqué sous la table, le cuistot attendait que cesse une fusillade nourrie.

— Les balles t'ignorent… Tu es l'élu de Dieu, ou quoi ?

— Dans mon village on dit que Dieu, c'est pas un chat borgne. Et qu'Il sait ce qu'Il fait… Ah, la femme que j'ai vue !

— Où donc ?

— Au village où j'achète le lait.

— Je la connais. C'est la promise de Zaga. Mais ça lui sert à quoi d'être belle si c'est pour vieillir à l'attendre ?

— Peut-être bien qu'elle ne l'attend plus.

— Ne t'y risque pas ! Comme un serpent qu'il est dangereux, le Zaga !

Voyant la terreur du cuistot, Kosta chercha à le rassurer.

— « Montrez-vous donc malins comme les serpents et candides comme les colombes », cita le pope qui, parallèlement à sa charge ecclésiastique au village, exerçait aussi celle de cuisinier.

— Au diable les Évangiles ! dit un soldat au crâne ovoïde de corvée d'épluchage. Faut voir ce que les gosses font sur la place !

— Quoi donc ?

— Ils apprennent aux serpents à fumer !

— Les serpents fument des cigarettes ?

Les trois hommes sortirent de la cuisine, par le côté non exposé du village, et atteignirent rapidement le coin d'une rue d'où l'on pouvait voir la petite place. Des garçons et des filles meublaient le temps, et ce à longueur de journée puisqu'il n'y avait pas d'école à cause de la guerre. D'une poche de son manteau, un blondinet appuyé contre un arbre sortit une vipère dont il empoigna le cou. Il retira de sa bouche une cigarette allumée et la planta dans la gueule du serpent. La scène força l'admiration des filles qui, avec un sentiment d'effroi mâtiné de satisfaction, ne perdaient rien de ce que faisait le blondinet. Et tout le monde de rentrer la tête dans les épaules quand un second serpent, gonflé de fumée qu'il ne pouvait exhaler, explosa comme un pétard.

— Pourquoi ils font ça ?

— C'est des gosses, ils jouent. Que veux-tu qu'ils fassent d'autre ?

— Pourquoi ils lui en veulent, au serpent ? demanda l'ingénu aide-cuistot.

— Si Dieu nous a chassés du paradis, c'est à lui qu'on le doit !

— Mais il n'y est pas resté non plus ! déclara Kosta en reprenant les mots de son grand-père.

— C'est vrai ! Il nous a accompagnés !

— On est loin d'en avoir fini avec eux si les gosses les maltraitent !

Turlupiné par la question du paradis et de l'enfer, et de sa propre destination le moment venu, Kosta rentra chez lui.

Ai-je vraiment de bonnes chances d'aller au paradis ? se demandait-il quand une balle tirée par un sniper siffla près de son crâne.

À peine sa tête avait-elle dépassé du coin de la rue qu'il souhaitait emprunter qu'une balle le frôla à un millimètre et lui arracha l'oreille ! Il se laissa aussitôt choir et, à quatre pattes, se recula pour la ramasser. Il entra chez lui en rampant. Le feu étant éteint, la pièce était plongée dans l'obscurité ; il sortit une serviette propre et banda ce qui lui restait d'oreille.

Pendant la nuit, il contempla par la fenêtre la lumière aveuglante des obus, heureux de voir de temps à autre surgir, devant ses yeux, la robuste beauté en train de traire la vache. Il clignait les paupières, elle le fixait, et son sourire lui réchauffait le cœur, dissipait sa frayeur, jouait avec lui à l'instar du vent qui soulevait des tourbillons de poussière. Chaque fois qu'un obus illuminait la pièce, cette femme splendide lui apparaissait dans une posture différente. Il se tenait l'oreille en songeant que ces images atténuaient la douleur.

Au point du jour, Kosta partit de chez lui, profitant d'une trêve, et donc de l'absence de snipers. Il chevaucha son âne dans la montée caillouteuse et tenait dans sa main son oreille enveloppée dans la serviette. Il arriva sur le chemin, descendit et marcha les yeux baissés dans l'espoir de voir le serpent.

Avant d'aborder la pente qui conduisait au village voisin et à son but, il s'arrêta, se cacha derrière le grand rocher, et jeta un coup d'œil en arrière. Il se pencha tout en scrutant le chemin qu'il venait de parcourir, et fut surpris de voir les serpents s'y promener à nouveau !

— Ils attendent qu'on leur donne du lait ! confia Kosta à l'âne.

— Du jamais vu ; un vrai miracle ! répondit celui-ci.

— Hein ? J'ai bien entendu ?

— Oui.

Pas un instant, Kosta ne douta que l'âne lui avait parlé.

Au village, la mégère bourrue n'était pas là, et Mlada sortit de la maison prendre les gamelles. Kosta dénoua la serviette et lui présenta son morceau d'oreille. Effrayée, Mlada détourna son regard vers la prairie et les moutons qui paissaient au loin.

— On attend la vieille, elle est partie au marché vendre le lait et le fromage, expliqua-t-elle.

— Tu as une aiguille et du fil ?

— Oui.

— Tu passes l'aiguille à la flamme, pour éviter qu'elle s'infecte. Et apporte de la rakija !

Mlada s'en retourna en vitesse. Kosta emporta jusqu'au puits la table de cuisine installée devant la maison, et s'y allongea de façon à avoir la tête en surplomb de l'ouverture du puits.

— Mets-toi sur le ventre, dit Mlada.

Il s'exécuta aussitôt.

Elle ne me verra pas avoir mal, pensa-t-il.

— Ce sera mieux pour coudre, approuva-t-il, conscient de parler inutilement.

Elle nettoya le reste d'oreille avec la rakija. La douleur fit perler une larme qui tomba au fond du puits. Il était plus facile pour Kosta de la suivre pendant toute sa chute, de l'accompagner, car ainsi il dissimulait à Mlada sa douleur. Quand la larme toucha l'eau, il sourit, Mlada en avait terminé avec la première couture, elle avait remis l'oreille en place. Il ne quitta pas des yeux le fond du puits. Un papillon blanc s'envola de l'endroit où la larme était tombée. Après avoir à peine effleuré l'eau, il entama en spirale sa remontée, pour en fin de compte se poser sur l'épaule de Kosta. Mlada avait fini de recoudre l'oreille.

Une nouvelle fois, Kosta monta sur l'âne à l'envers, la tête bandée, les gamelles pleines. Il regarda Mlada restée seule ; tenir le šarplaninac l'empêchait de lui faire signe, ce qui aurait été bien naturel pour une personne tombée follement amoureuse, ainsi que son visage l'exprimait.

Le chemin de terre, où seuls les serpents, Kosta et l'âne se hasardaient, était à présent désert. Même les aigles, qui planaient généralement au-dessus, avaient disparu. Kosta ralentit l'allure, tranquillisa sa monture, remplit de lait ses deux paumes. Tel un paysan qui ensemence, il versa le lait sur le chemin. Sans qu'il sache pourquoi, ce geste restaura sa quiétude, et un large sourire illumina son visage. Il savait que cet amour naissant était inextinguible. L'extrémité du plateau se présenta, puis vint la plongée vers Uvijeće. Il fit halte. Cette fois, nul besoin de lunette. Il resta quelque temps le dos tourné puis, lentement, regarda derrière lui. À l'œil nu, il vit les serpents – cinq désormais – boire le lait. L'un d'entre eux se distinguait, c'était le plus grand, son corps s'était glissé entre deux rochers ; sa tête surprit Kosta.

Les abords du village étaient calmes. Dans le lointain, quelques rares coups de feu de l'armée ennemie retentissaient. Dans la vallée, les artilleurs faisaient tonner un vieux canon dans les tranchées, et les défenseurs d'Uvijeće ripostaient au camp d'en face. Kosta entra dans la cuisine par l'arrière, déchargea l'âne et vida les gamelles. Pratiquement invisibles dans des nuages de vapeur, les aides-cuistots tournaient de grandes cuillères dans des chaudrons. D'un geste, l'un d'eux attira l'attention de Kosta et sortit un harmonica taillé dans du bois :

— Écoute donc !

Tandis qu'il jouait, enveloppé de vapeur, il paraissait comme étranger à la réalité, comme s'il s'était soudainement libéré de la guerre. Sa virtuosité pour interpréter la mélodie, rythmer le tempo avec ses pieds, et agrémenter le tout de mouvements du corps, donnait l'impression de voir exécuter une danse moderne. Dans un premier temps, Kosta battit la mesure du pied, puis il sortit son kazou et, à son tour, se mit à jouer un air connu. Brusquement, la scène tout entière se transforma en numéro de cirque, créant un espace de bonne humeur au milieu du grondement des canons.

Cette même nuit, la première pluie automnale se substitua aux explosions des obus et tomba sans trêve. Le mauvais temps interrompit provisoirement la guerre. Le matin, les femmes du village allèrent vendanger les vignes puis, aussitôt après, remplirent les cuves de raisin. Ce travail terminé, elles le foulèrent aux pieds tandis que les hommes préparaient le chaudron à vin. Ce fut le seul signe qui indiquait que l'automne était là.

Aux aurores, Kosta et son âne avaient déjà pris le chemin du village pourvoyeur de lait pour les défenseurs d'Uvijeće. Kosta fixait le sol devant lui. Son sourire énigmatique laissait à penser qu'il savait que les serpents l'attendaient déjà sur la route.

En haut du raidillon, il chercha Mlada des yeux. En vain. C'était la vieille qui l'attendait avec le lait de la traite !

Elle le regardait de travers.

— Vous êtes seule aujourd'hui ? demanda Kosta.

— Oui !

— Et Mlada, où est-elle ?

— Zaga, mon fils, est de retour. Désormais, veille à ce que tu fais ! Ils ne se sont pas vus depuis longtemps.

— Ah, bon.

— Tu prends le lait, et tu files. Sans te retourner !

Tandis qu'ils transvasaient les seaux dans les gamelles, Kosta entraperçut le visage de Mlada derrière la fenêtre grillagée. Elle le fixait. Malgré son air triste, elle était encore plus belle qu'auparavant. Est-ce le fait qu'elle soit derrière la fenêtre ou est-ce le verre qui adoucit ses traits de visage ? se demanda Kosta, convaincu de contempler la beauté éternelle. Sa respiration se précipita, son visage s'illumina et, captant le regard de Mlada, il retroussa sa moustache d'un air fripon. Et il repartit, sous le regard sévère de la vieille et le sourire de Mlada qui le suivait des yeux derrière la vitre. Quand il déboucha sur le plateau où les serpents régnaient en maîtres, la mélodie que le cuistot jouait la veille au soir lui revint en mémoire. Il se mit à danser, à virevolter. Il sortit son instrument, son kazou, et interpréta la nouvelle composition du cuisinier. Puis, à pleines mains, et sans cesser de danser, versa du lait sur le chemin.

— L'allée des Serpents ! clama-t-il à pleine voix.

Tandis que, le cœur joyeux, il disparaissait dans la descente, les serpents ne lui semblèrent plus aussi petits que la première fois.

— Du jamais vu ! dit l'âne. Un miracle !

— Que dis-tu ?

— Du jamais vu ! Un miracle !

Quand il arriva au village, la situation le déconcerta. Simple intendant, il était peu au fait des événements sur le front ; mais là, des guitares avaient remplacé les fusils, une contrebasse et des tambours avaient supplanté les canons, un violoniste jouait en jonglant avec son instrument. Heureux, paysans et soldats frappaient des mains, et un soldat édenté balança son calot pour se coiffer d'un chapeau.

— Victoire ! hurla-t-il. Une sacrée raclée qu'on leur a fichue !

Dans la lumière des lampions de la place du village, jeunes et vieux célébraient la victoire. Kosta s'approcha du cuistot.

— Comme ça ? Tout d'un coup ?

— Comme ça. Tout d'un coup. Mais, mon gars, ça fait un an qu'ils nous assiègent ! C'est la victoire ! Les nôtres les ont repoussés à la mer ! Jusqu'à leur dernier traîne-savate de biffin qui s'est rendu !

Si la guerre est finie, jamais plus je ne la reverrai, songea Kosta.

Il déposa le lait dans la cuisine et, prudemment, s'esquiva. Pouvait-il croire qu'il ne la reverrait jamais ?

Quand il déboucha sur la place d'Uvijeće, la fête battait son plein. Par la musique et les chants, l'orchestre unissait soldats et paysans. Sous l'effet des voix et des feux d'artifice, le ciel se brisait, la mélancolie des partitions slovènes s'amalgamait aux clameurs de la victoire. Les villageois avaient formé un cercle et chantaient, enlacés. Séparant deux soldats, Kosta se joignit à eux.

Le chant nostalgique se transforma en kolo[1], s'agrandit, s'étendit à perte de vue, relia en un instant toutes les rues, toutes les maisons d'Uvijeće. La chaude terre d'Herzégovine transmit un étrange courant aux jambes des danseurs, le sang irrigua la chaîne que composaient les mains brûlantes de dizaines de personnes métamorphosées en un être unique réchauffé par le même sang, porté par le même rythme. À force de danser, Kosta se sentit pris de vertige, il leva les yeux au ciel, espérant y découvrir Mlada.

Et, comme si le ciel l'exauçait, il la reconnut dans la foule. Elle dansait le kolo avec des inconnus. Elle aussi aperçut Kosta. Lorsqu'il se fraya un chemin, pour lui prendre la main, elle baissa les yeux de crainte de laisser paraître sa joie de danser. Kosta n'hésita pas ; ils restèrent main dans la main et, pour la première fois, il vit son regard amoureux.

— La vieille ment. Zaga n'est pas revenu.

— Je le sais.

— Je ne l'aime pas.

— Tu aimes qui, alors ?

Mlada poussa un petit cri car, dans le même temps, Kosta s'était détaché du groupe et, de joie, exécutait un double saut périlleux, avant et arrière.

---

1. Sorte de danse semblable à une ronde.

Chez Kosta, tout était silencieux, on entendait à peine le dernier chanteur, des voix d'ivrognes leur parvenaient indistinctes par la fenêtre ouverte derrière laquelle les feux d'artifice de la victoire explosaient telles des étoiles filantes dans le ciel. Mlada se dévêtit lentement, Kosta se montra plus pressé. Éclairés par la lumière extérieure, ils se regardèrent. Leurs lèvres étaient sur le point de s'unir, quand la vitre se fracassa. La vieille surgit dans la chambre, une kubura[1] à la main.

— La guerre est peut-être finie pour toi, mais pour moi, non !

— Je ne rentrerai pas !

— Tu vas rentrer, traînée ! Ton fiancé t'attend !

— Vieille traînée, tu mens !

— Je ne mens pas ! Tu vas rentrer ou je te tue !

— Non !

La vieille sortit un court pistolet dont elle menaça Kosta. Folle de rage, Mlada s'enfuit en traversant la pierraille, la vieille sur ses talons. Tout en courant lui aussi, Kosta enfila pantalon et chemise. Il grimpa facilement la pente caillouteuse et vit Mlada sur le point d'être rattrapée par la vieille. Il s'arrêta net quand cette dernière tourna vers lui sa kubura.

— Arrière ! Elle a un mari !

Pour la première fois, Kosta comprit qu'il serait capable de sacrifier sa vie pour Mlada. Ses sens lui

1. Pistolet ancien à long canon.

indiquaient qu'il s'agissait là d'une péripétie dans une histoire d'amour en cours. Et, tranquillement, il rebroussa chemin.

Tandis que la beuverie se poursuivait dans le village, les ombres de dix soldats ennemis jaillirent dans le clair de lune. Chacun à leur tour, à pas de loup, ils se glissèrent dans la tranchée. Une première sentinelle fut aisément maîtrisée ! Ce soir-là, personne ne l'entendit hurler, personne parmi les paysans ne vit les trois autres sentinelles se faire étrangler sans un cri. Comment aurait-on pu ? Le village était toujours à fêter gaiement la victoire dans un vacarme croissant.

Le matin, le moment vint pour Kosta de bâter l'âne.

De tous côtés, les reliefs de la veille au soir étaient visibles. Le cuistot était debout et, comme toujours, souriant. Tandis que Kosta prenait les gamelles, il nettoyait la cuisine.

— Encore un jour ou deux, et ça aussi, ce sera de l'histoire ancienne ! fit-il remarquer.

— Ne dis pas ça, je t'en prie !

— La guerre est finie, mon gars, un accord international a été signé. Adieu l'armée, et vive la vie !

Sur le chemin qu'il connaissait par cœur, Kosta aperçut les serpents dont l'un avait bien prospéré. Il savait que, désormais, on les attendait avec impatience, lui et son lait.

Kosta entra prudemment dans le village. Le temps pour lui d'attacher l'âne et de décrocher les gamelles, il vit Zaga sortir de l'étable avec la traite. Il tendait une main amicale à Kosta qui, désemparé, la prit sans que son visage trahisse sa souffrance de faire cette connaissance.

— Zaga Božović ?

— Comment tu le sais ?

— Qui ne connaît pas Zaga Božović ? Le guerrier, le héros !

Dans un crissement de freins, un camion Tamić s'arrêta près de la maison et deux gars s'employèrent aussitôt à décharger de nombreuses tables et chaises. Du geste, ils saluèrent Božović.

— Vous préparez votre slava ?

— Non, mon brave, mon mariage. Sept ans qu'elle aura attendu mon retour du front !

— Et sans se lasser, dit Kosta d'une petite voix, la gorge étranglée par le chagrin.

Mais le soldat Kosta ne s'effondra pas. Le sourire plus large encore, il dissimula la peine que son sang diffusait à la vitesse de l'éclair dans toutes les parties de son corps.

— Félicitations. Et où est Mlada ? demanda-t-il.

— À Trebinje. La mère l'a emmenée acheter la robe de mariée.

— Et ton costume, il est prêt ?

— Un costume de marque, acheté au duty free d'Abou Dhabî. La grande classe !

Kosta rentra à Uvijeće. Il se retourna, les nappes pour la noce étaient déjà étendues devant la maison et les lampes vissées dans les culots. Il espérait apercevoir Mlada. Il avait bien vu, bien entendu, mais il n'arrivait pas à se convaincre que c'en était fini de son histoire d'amour. Par ailleurs, la fin de la guerre et sa surprenante célébration au village le laissaient tout aussi incrédule. Il ne désespérait pas de revoir Mlada, et le sourire sur son visage l'attestait.

Ce ne fut qu'en s'engageant dans l'allée des Serpents qu'il se laissa aller à penser que jamais plus il ne reverrait Mlada. Et il se mit à pleurer. Accablé, tête basse, il voulait que ce retour à Uvijeće perdure l'éternité entière, il voyait ses larmes goutter dans la poussière. Soudain, une forte détonation retentit du côté du village. Il se mit aussitôt à courir, trébucha, et s'effondra. Ce fut seulement une fois par terre, qu'il vit ses pieds enserrés par la queue de l'énorme serpent. Il ne parvenait pas à se retourner ; déjà le serpent se lovait autour de lui. Affolé, il tenta de remuer, chercha comment se dégager. En vain. Dans les pires moments, Kosta avait toujours su garder l'esprit clair. Mais là, rien n'y faisait, il était prisonnier, comme dans un rêve où il était impossible de faire le moindre mouvement. Immobilisé par une force inouïe, il songea que cette mauvaise posture dépassait en horreur le plus horrible des cauchemars. Chacune de ses articulations était comme prise dans un serre-joint ; et lui, tout entier, dans un étau d'ébéniste.

Pour la première fois, il perçut, et jusqu'au plus petit, tous les os de son corps. Son impuissance était totale, il était dans l'incapacité de bouger d'un millimètre ses bras et ses jambes. Il aurait donné n'importe quoi pour se libérer de l'étreinte du serpent.

C'est bien fait ! se dit-il. On ne rend pas le bien pour le bien !

Finalement, il put se mettre sur les talons, se redresser, rouler sur lui-même avec le serpent qui l'enserrait toujours, et ils dévalèrent la pente. Ils s'arrêtèrent près du grand rocher ; avec terreur, presque vénération, il avisa la tête du reptile. Dans l'attente de la morsure, son sang se glaça ; et les parties les plus infimes de son corps se refroidirent une à une. Tout à coup, la pression exercée par le serpent lui parut se relâcher. Il regarda la tête de l'animal, et tout son être ressentit la glaciale étreinte : la tête était plus grande que son poing à lui ! Le serpent lui décocha un coup de langue. Tétanisé, Kosta attendit la morsure. Mais une idée lui vint. Sentant l'étreinte se desserrer, il effectua un brusque mouvement, dans l'intention de se libérer. Malheureusement, le serpent réagit sur-le-champ en renforçant sa prise. De nouveau, Kosta se tortilla, sans plus de crainte cette fois, car il n'avait plus peur de mourir. Il geignit, se tourna à gauche, à droite, sans parvenir à se dégager. Ses os étaient paralysés, ses veines jugulaires gonflées, ses muscles abdominaux se contractaient comme s'il était pris de vomissements. Tout ce qu'il parvenait à faire par intervalles, c'était réduire le contact de son corps avec le serpent – quelques instants seulement, jusqu'à ce que reprenne la glaciale étreinte de la mort. Toute chaleur l'avait abandonné, le serpent absorbait entièrement celle que son sang continuait pourtant de diffuser dans ses veines. À chaque seconde qui passait, ses forces cédaient, millimètre par millimètre. Malgré tout, il entendait les détonations faiblir à Uvijeće. Et il s'abandonna au serpent, avec l'indifférence de l'agonisant. Son inertie, ses yeux mouillés de larmes étaient le prélude à la fin. L'odeur d'un incendie lui parvint aux narines.

Son infortune touchait à son paroxysme ; il ne savait plus que faire sinon se fendre d'un ultime sourire pour prendre congé de la vie. Soudain, le plus déconcertant se produisit : aussi vite qu'il l'avait emprisonné, le serpent se déroula et disparut en ne lui laissant que le temps de voir sa queue filer sous le gros rocher. Kosta n'en revenait pas. Il se releva, palpa chaque partie de son corps pour se persuader qu'il était toujours en vie – l'instant d'avant encore, il faisait ses adieux à l'existence.

Il dévala la pente et arriva au village. Un épais nuage de fumée le cloua sur place. Son village brûlait, d'impétueuses colonnes de fumée montaient des maisons. Il se précipita dans l'étable, frôla le corps de plusieurs soldats pendus. Il vomit quand il découvrit la tête de l'aide-cuistot, tranchée, exposée sur la table de la cuisine. Sur la place du village où, la veille au soir, on célébrait la victoire, un enfant avait été mis en croix, tandis que le cuisinier et ses aides étaient pendus par les pieds à des cochets métalliques. Kosta tomba à genoux, en pleurs.

Le serpent m'a sauvé la vie ! pensa-t-il soudain. Mais qui me croira ?

Sanglotant et tremblant, il remonta le raidillon au pas de course, rejoignit l'âne, détacha les gamelles, et répandit le lait dans l'allée des Serpents. Tout en pleurant, il souleva les pierres une à une, les plus grosses puis les plus petites, espérant retrouver le serpent auquel il devait la vie. Puis, tout à coup, l'espoir que Mlada soit toujours en vie l'aiguillonna et lui redonna des forces.

II

Quand Kosta pénétra dans le village, l'espérance et l'horreur lui brouillaient la vue. Il s'était préparé à regarder Mlada dans les yeux, à lui dire adieu, et ce qu'il aperçut… c'étaient les corps carbonisés des convives installés à la table de la noce, comme pris dans une brusque coulée de lave. Ils étaient figés dans l'accomplissement d'un geste ordinaire. Une bouteille à la main, les yeux ouverts tel un spectre, le visage calciné, la vieille mère fixait Kosta. Le marié s'était pétrifié au moment de se lever de sa chaise. Quelqu'un, dirait-on, s'était montré plus rapide et plus finaud que Zaga Božović. Le guerrier, célèbre à mille lieues à la ronde, était assis, là, avec un trou dans la tête – l'œuvre probable d'un professionnel. Quelqu'un venu de loin s'était vengé.

Du pied, Kosta entrouvrit la porte de la maison. La cuisine était déserte. Il monta à l'étage. Partout, le vide. Seul le volet, fantomatique, battait sous le vent. Au loin, des voix... Kosta s'empressa d'escalader l'échelle de la soupente. Tout d'abord, il ne vit rien, puis, à travers un madrier disjoint, il aperçut trois soldats armés de fusils automatiques et de poignards qui fouillaient les environs. L'un d'eux, le plus petit – comment les distinguer ? ils portaient des cagoules –, incendiait la cabane tandis que les deux autres revenaient vers l'étable. Le plus grand obliqua soudain vers la maison, et Kosta rentra la tête dans les épaules. Il redescendit à toute vitesse jusqu'au rez-de-chaussée, sa vie ne tenait qu'à un fil, il le savait. Il lui fallait d'urgence se mettre à l'abri. À présent, les voix étaient tout proche. Alors qu'il allait s'éclipser de la cour, un appel étouffé lui parvint aux oreilles :

— Kosta, Kostaaa...

Mlada ? se demanda-t-il en jetant un regard circulaire.

— Kosta, Kostaaa...

De nouveau, il lui sembla entendre la voix de Mlada. La peur, l'effroi bloquaient ses sens, il avait l'impression de ne pas voir, de ne pas entendre clairement. Alentour, tout se transformait, devenait incertitude, incrédulité. Le temps, l'espace se brisaient devant lui, une force invisible muait en désespoir tout ce qu'il voyait et entendait. Ses propres pensées, fugaces, tombaient en lambeaux, lui coupant le souffle, créant l'irrésolution.

J'ai des hallucinations, se dit-il. Il entendit alors des bruits de bottes, le cliquetis métallique qui accompagnait ces pas entraînés et les rendait effrayants. Il battit en retraite, sa peur des soldats s'accrut, mais la voix féminine demeurait distincte. Mlada l'appelait, il en était maintenant certain. Il se recula encore, buta contre le puits, regarda au fond, et aperçut Mlada. Aussitôt, il actionna le treuil, remonta le baquet, s'y assit et amorça sa descente, s'efforçant de freiner sa course de ses mains. Mais lorsqu'il entendit les soldats s'interpeller, il lâcha prise et se laissa définitivement choir – c'était le seul moyen d'échapper à la mort. Il plongea bruyamment dans l'eau et, lorsqu'il remonta à la surface, Mlada l'agrippa par la ceinture pour le maintenir sous l'eau. Alors qu'il enlaçait la jeune femme, elle pointa l'index vers le haut. Elle cassa un long fume-cigarette en deux morceaux que chacun utilisa pour respirer sous l'eau.

Soudain, au-dessus d'eux, se profila un papillon ; le même qui avait accompagné la larme de Kosta quand Mlada lui recousait l'oreille. Quand l'agitation à l'intérieur du puits cessa, il s'envola vers la lumière. Et avec lui, aussi nette que dans un miroir, apparut l'image des trois soldats qui se penchaient sur l'ouverture. Le plus petit tendit son fusil vers le fond du puits et décocha une rafale.

Le papillon stoppa son vol, se plaqua contre la paroi. Mlada repoussa Kosta, et les balles passèrent entre eux, finissant leur course tels d'innocents petits cailloux. Les soldats attendirent un moment, espérant voir remonter un cadavre tandis que le papillon reprenait son vol en spirale vers la lumière. Lorsqu'il rejoignit les soldats, il les agaça en virevoltant autour de leurs têtes. Puis le papillon se posa sur le treuil et, comme un seul homme, tous trois se tournèrent vers lui. Après quelques instants d'hésitation, le papillon reprit ses voltiges ; comme pour les charmer. Le plus grand voulut l'écraser entre ses paumes de mains, mais rata son coup. Alors le papillon se posa en douceur sur le casque du petit. Le moyen leva alors lentement le bras et flanqua un grand coup sur le casque du petit… Encore raté ! Le papillon partit ensuite se poser sur la tête du plus grand. Le moyen, souriant à le voir se jouer d'eux ainsi, bondit brusquement pour l'écrabouiller. Sans succès. En outre, il se tordit la cheville ! Le petit tenta de pulvériser le papillon entre ses doigts. Raté de nouveau ! Tous trois s'élancèrent, portés par une même fureur guerrière ; ils se bousculèrent, et le papillon vint atterrir sur le casque du moins agressif, le moyen. Le petit se décoiffa et abattit à toute volée son casque sur ce dernier. Les deux soldats se regardèrent. Furieux, le moyen flanqua une grande claque au petit tandis que le grand s'élançait à la poursuite du papillon qui continuait son vol erratique dans la prairie.

Chaque fois que le papillon se posait sur une plante médicinale, le soldat était certain de le tenir enfin, mais le manquait à chaque coup. À un moment, il sauta, plongea tel un gardien de but et, encore en l'air, serra le poing, convaincu que le papillon effectuait là son dernier vol. Mais, alors qu'il écartait les bras, triomphant, le papillon reprit son envol. Pendant ce temps, les deux autres réglaient leurs comptes, et en venaient même aux mains :

— Pourquoi tu m'as frappé ?!

— Pas toi ! Ton casque !

— Non, tu m'as frappé ! Et moi, personne ne me frappe !

Pendant que les mercenaires tentaient de se débarrasser du papillon, Kosta et Mlada sortirent la tête du puits. Ils se regardèrent, sourirent, et décidèrent de se faufiler derrière la maison et de fuir par la campagne. Ils traversèrent la prairie bosselée, cherchant à gagner la forêt tout là-bas. Malheureusement, les deux soldats qui se battaient finirent par les repérer. Aussitôt, ils remirent leurs casques, saisirent leurs fusils et leur donnèrent la chasse. Les voyant cavaler, le grand, toujours aux prises avec le papillon, courut prendre son fusil et les rejoignit. Posé sur une herbe médicinale, l'insecte fixait les hommes enragés.

Dans la forêt, Kosta et Mlada comprirent que leur salut s'y trouvait. Kosta perçut le désormais familier cliquetis qui accompagnait le bruit des bottes des soldats. Quand ils arrivèrent devant un arbre au feuillage touffu, Kosta souleva Mlada sur ses épaules, qui put ainsi se hisser et atteindre la première la ramure du platane centenaire. À son tour, Kosta sauta, s'accrocha à une branche, se monta à la force des bras. Alors que les soldats se rapprochaient, Kosta et Mlada étaient à l'abri entre deux branches.

— Nous pouvons les voir, mais pas eux, murmura Kosta quand les soldats furent au pied de l'arbre.

Épuisés par leur course, ceux-ci posèrent leurs armes et s'adossèrent au tronc.

— De l'eau, demanda le plus grand. Il y en a dans le coin ?

— Par-là, répondit le petit en indiquant la direction d'un ruisseau.

Ils ôtèrent leurs cagoules ; d'en haut, il était impossible de distinguer leurs traits. Le dos tourné, Mlada essayait de rapprocher son visage de celui de Kosta, quand son pied dérapa sur l'écorce lisse. Qui sait ce qui serait arrivé si Kosta ne l'avait rattrapée par la taille ? Ils restèrent dans cette position, étroitement serrés l'un contre l'autre. Mlada jeta un regard épouvanté à Kosta qui, doucement, lui couvrit la bouche de ses doigts. Un des soldats leva alors les yeux vers la cime de l'arbre.

— Ne t'inquiète pas, dit Kosta. Il ne nous voit pas, il tend juste la main pour voir s'il pleut…

Et, de fait, la pluie commença à tomber.

— Filons ! cria le petit soldat. Y a de l'orage dans l'air !

Ils décampèrent pour se mettre à l'abri. Le tonnerre gronda, un éclair zébra le ciel, suivi d'un autre. Le casque sur la tête, les trois soldats traversèrent la forêt à toutes jambes, la pluie portée par un vent tempétueux tombait à verse. Sorti de la forêt, le petit soldat désigna un lac à côté d'une grotte et entraîna les autres. Ils longèrent le lac, évitèrent de justesse la foudre qui frappa les arbres isolés. Tous trois atteignirent enfin la grotte derrière laquelle s'étendait un lac de montagne.

Des éclairs lacéraient le ciel. Mlada tressaillit. Sa peur de l'orage n'avait d'égale que l'émoi qu'elle éprouvait auprès de Kosta. Elle se sentait tout entière parcourue par cette puissante sensation de solitude qu'éprouvait une femme qui n'avait plus personne, et elle s'abandonnait totalement aux bras de Kosta. La foudre frappa un arbre voisin qui s'enflamma.

— Kosta, j'ai peur…

— Tu ne crains rien. La foudre ne s'en prendra pas aux orties !

Comme si les cieux s'étaient ouverts, la pluie se déversa à seaux. Kosta et Mlada, amoureusement enlacés, immobiles, demeuraient comme cloués dans la couronne du platane. Dissimulés par le feuillage, serrés l'un contre l'autre, ils savaient que tout mouvement inconsidéré leur serait fatal. Dans leur étreinte grandissante, ils finirent par échanger un regard étonné. La pluie tombait sans mollir, les éclairs illuminaient de temps à autre leurs corps unis tandis que des gouttes leur glissaient le long du visage dont l'expression sensuelle exprimait un acte d'amour hors du commun.

Le jour se leva, il n'y avait plus un nuage dans le ciel. Un vol de canards sauvages passa au-dessus de la cime du platane. Kosta retira à Mlada ses bas en nylon. Il lui noua le premier autour de la taille avant d'attacher l'autre bout au tronc de l'arbre – redescendre le long des branches glissantes était impossible. Après avoir vérifié la solidité des nœuds, il fit de même avec le second bas. Ensuite, Mlada ferma les yeux, et tous deux sautèrent dans le vide. Miracle ! Ils touchèrent le sol ! Et, l'élasticité des bas aidant, remontèrent aussi vite avec le même plaisir que des enfants dans un parc d'attractions. Ils montaient, descendaient, remontaient, redescendaient !

Il était midi quand ils approchèrent d'une maison en bordure du lac de montagne. Kosta cogna à la porte. Pas de réponse.

— Il y a quelqu'un ? appela-t-il.

— Quelqu'un ? Nous mourons de faim ! s'écria joyeusement Mlada.

S'étant assurés que la maison était bien vide, ils allèrent cueillir une citrouille dans le jardin. Puis ils coururent jusqu'au lac où Kosta, le premier, plongea. Puis, tels des enfants, ils s'amusèrent un long moment à couler la citrouille qui, aussitôt, rejaillissait à la surface – Mlada d'abord, Kosta ensuite.

Tout à coup, des coups de feu claquèrent, provenant de la forêt. Aussi vite que leurs jambes le leur permettaient, Kosta et Mlada s'enfuirent par le haut-fond. Les balles sifflaient ; les trois soldats, embusqués dans un bosquet, leur tiraient dessus. À l'autre bout du lac, Kosta aperçut un gouffre qui s'ouvrait devant eux. La main de Mlada dans la sienne, il réfléchit : quelles chances avaient-ils de survivre en sautant dans cette cascade apparemment de plus de cent mètres ? Mais le temps n'était plus aux tergiversations, dans leur dos la fusillade reprenait. Tout près, les balles ripaient sur la surface du lac. Alors ils s'élancèrent dans l'abîme ; quand elle s'éloigna de lui, il la ceintura de ses bras. Comme poussés par le diable, ils étaient sur un coussin d'air, en toute liberté ; et cette chute même les enchantait !

Ils firent des roulés-boulés, comme en apesanteur, se dépassèrent mutuellement, et la chute se poursuivait. Et ils comprirent : tomber pouvait aussi signifier voler. De nouveau, trois tours sur eux-mêmes et, ensemble, sans difficulté, ils s'enfoncèrent dans le lac transparent et profond au pied de la cascade. Un instant, ils se cherchèrent sous l'eau, s'accrochèrent l'un à l'autre, et, comme un seul corps, remontèrent enlacés. Tandis qu'ils s'agrippaient l'un à l'autre, ils virent un serpent glisser près d'eux puis disparaître vers le fond.

— L'homme n'a pas réglé ses comptes avec eux, déclara Kosta en montrant le serpent.

— J'ai peur…

— C'est ceux là-haut, dont il faut avoir peur, il n'y a aucune raison de craindre les serpents.

— Comment ça ? Et qui a conduit Adam et Ève au péché ?

— Oui, mais le serpent n'est pas resté au paradis, il l'a quitté avec nous.

— C'est ton compte à toi, Kosta, qui n'est pas réglé !

En haut, les trois soldats n'étaient guère plus gros que des fourmis. Ils n'osèrent pas se pencher et encore moins sauter. Pour s'y risquer, il fallait être amoureux.

Kosta et Mlada plongèrent et nagèrent vers l'autre rive du lac, plus abritée. Ils émergèrent près d'un rocher. Souriants mais inquiets, ils levèrent les yeux vers le sommet de la cascade ; les soldats n'y étaient plus. Ils quittèrent leurs vêtements, les étendirent sur un buisson et, sans plus se soucier de leurs poursuivants, ils s'abandonnèrent à la beauté de ce jour lumineux et replongèrent. Mlada ressortit la première et grimpa sur le rocher, tout à son bonheur. Elle regarda Kosta nager sous l'eau, remonter, puis s'attarder sous le gros rocher. Elle poussa un cri de joie quand, quelques secondes plus tard, il réapparut, un huchon dans sa main. Le poisson se trémoussait, se démenait pour lui échapper. Avec la technique d'un spécialiste, Kosta le cogna contre le rocher, et le huchon cessa instantanément de frétiller.

Cachés derrière la cascade qui faisait comme un rideau tendu entre le monde hostile et eux, ils se délectèrent du poisson puis s'abandonnèrent au massage énergique de l'eau. Kosta gardait à l'œil la forêt ainsi que la prairie qui montait jusqu'à la montagne. Les soldats ne tardèrent pas à surgir sur la gauche.

En toute hâte, Kosta emmena Mlada et prit la direction de la prairie qui s'étendait jusqu'aux escarpements de la montagne aux sommets enneigés. Plusieurs centaines de moutons y pâturaient. Soudain, le sinistre bruit métallique résonna tout proche. Séparés l'un de l'autre, Mlada et Kosta se faufilèrent accroupis au milieu du troupeau.

Les soldats accouraient déjà de la forêt qui ourlait le lac sur l'autre rive. Ils examinaient l'endroit. Mlada se coucha parmi les moutons. Perdue, elle en serra un à s'en couper le souffle.

« Bê-ê-ê, bê-ê-ê », entendit-on dans la plaine ; et aussitôt les soldats furent sur le qui-vive.

L'un d'eux se mit à courir quand il repéra au loin une cabane. Avant même d'avoir pu prononcer un mot, il pénétra sur un champ de mines et se volatilisa dans une explosion ! Les assassins les plus endurcis redoutent eux aussi la mort – pas celle des autres, la leur. Terrorisés par ce qu'il était advenu de leur chef, les deux autres stoppèrent d'un coup leur élan et se retirèrent lentement en direction d'un arbre solitaire de l'autre côté de la prairie.

À quatre pattes, Kosta sinua au milieu des bêtes à la recherche de Mlada – le troupeau offrait aux fuyards le meilleur abri qui fût.

À plat ventre, Kosta savait que, dans la vie, tout était une question de temps, mais il savait aussi que ce refuge n'était que provisoire. Lorsqu'il sortit la tête au-dessus des moutons… l'un des soldats qui inspectait les environs à la lunette tira. Kosta se remit rapidement à couvert ; trop tard. Un mouton s'effondra.

— Mlada ! cria-t-il en cherchant de tous côtés la jeune fille.

— Kosta ! répondit-elle aussitôt.

Il se releva et, dans le même temps, trouva comment assurer leur salut. Il se remit à quatre pattes, rassembla une dizaine de moutons qui, sans but, se mirent en mouvement, ouvrant des brèches dans le troupeau. Les soldats se précipitèrent, leurs voix étaient à présent tout à fait audibles. Kosta se glissa parmi les bêtes et découvrit Mlada qui poussa un cri de surprise. D'un signe de la tête, il lui demanda de le suivre.

Ils étaient presque sortis du troupeau, et les soldats distants d'une centaine de mètres, quand Kosta se retrouva complètement à découvert. Il se mit à pousser des aboiements de šarplaninac ; plié en deux, il menait les moutons vers le champ de mines. Telle une image illustrant la fin du monde, les agneaux s'alignèrent pour le sacrifice. Et, l'un après l'autre, ils déclenchèrent les mines, s'envolèrent déchiquetés, et ouvrirent la voie pour Kosta et Mlada qui, eux aussi, figurèrent dans ce tableau infernal. Ils traversèrent un tunnel de chair, d'yeux, de cornes, et coururent main dans la main, le visage dégoulinant de sang. Tandis qu'ils fuyaient, tous deux songèrent que les portes de l'enfer venaient de s'ouvrir. Inégales, les détonations finirent par perdre de leur intensité, et le ciel sa couleur de chair et de sang.

Soudain, devant eux, une trouée. L'espace d'un instant, ils crurent que les pauvres agneaux leur avaient tracé le chemin vers la liberté. De part et d'autre, étaient plantés les deux soldats. Paralysés par la peur, ils ne pouvaient faire un pas de plus. Ils se regardèrent. Échec et mat… tous les quatre ! Tout pas supplémentaire les conduirait à une mort certaine. Seule Mlada parut en accepter l'augure avec sérénité. Elle voulait sauver la vie de Kosta. Se trouvant plus proche de la forêt, elle tourna les talons, et se mit à courir en zigzag. Les trois hommes la regardèrent, bouche bée. L'un des soldats épaula son fusil, mais il n'eut pas plus tôt avancé qu'une mine explosa sous son pied. Mlada n'arrêta pas sa course pour autant. L'autre soldat, qui tournait le dos à Kosta, la mit en joue à son tour. Kosta s'envola et bondit sur le soldat, qui s'empala sur son poignard. Un jet de sang gicla de son cou, inondant Kosta qui se redressa aussitôt.

— Mlada ! cria-t-il. C'est fini ! Nous sommes sauvés !

Et Mlada s'arrêta.

Ils se regardèrent. Kosta lui fit un geste. Le corps suspendu au milieu d'un pas, la jeune fille ne saurait dire comment elle avait pu courir à travers ce champ de mines. Elle tremblait du bonheur d'être en vie, et de terreur aussi de ne pas savoir ce qui allait survenir. Elle répondit au geste de Kosta. Les bras tendus droit devant lui, celui-ci agita les mains à gauche et à droite. Sans un mot. Pour lui signifier de ne pas s'écarter, ni d'un côté ni de l'autre. Elle sourit, s'effraya plus encore. Elle lui fit signe pour le tranquilliser, et se mit à rire.

Au loin, Kosta répéta son geste.

— Mon amour, ne bouge pas ! Ne bouge pas… J'arrive !

Elle ne l'entendit pas. De joie que la poursuite eût pris fin, elle se dirigea vers une souche. Pour s'y asseoir et se reposer en attendant Kosta. Dès le premier pas, elle rencontra son destin, présent au rendez-vous. Une mine explosa sous elle et la déchiqueta. Comme face à une monstrueuse représentation de la fin du monde, Kosta tomba à genoux et, tremblant, leva son regard vers le ciel et Dieu.

III

Ni le piaillement des oiseaux ni la sonnaille des moutons quittant promptement un côté du pâturage pour l'autre, ni même les aboiements des chiens courant en tous sens pour garder le troupeau – rien ne put réveiller frère Kosta. Il s'était endormi aux aurores sur les règles non écrites de sa vie et de la souffrance endurée. Chaque fois que la fatigue parvenait à lui fermer les yeux, il s'assoupissait brièvement mais plongeait si profondément dans des cauchemars qu'au réveil il était bien incapable de les décrire. Et ce ne fut que lorsque la chèvre sauta contre sa porte qu'il se redressa.

Son regard se porta sur le feu car l'afflux d'air s'engouffrant par la porte ouverte avait ravivé les cendres du bois qu'il avait jeté sous les chaînes avant de se coucher. Quand il se leva, il vit par la fenêtre que le soleil réchauffait déjà la montagne surplombant la vallée. Trois chiens batifolaient avec les moutons qu'ils regroupaient ; attrapant la cruche à eau, Kosta s'en aspergea le visage. Il se signa face à l'icône de saint Sava, s'inclina, et, à trois reprises, posa son front sur le sol de pierre. Il attacha à sa ceinture de pantalon la corde passée au crochet qui saillait du mur, puis tourna sur lui-même jusqu'à ce que, de sa taille à son cou, elle soit régulièrement enroulée.

Le soleil du matin accentuait encore la blancheur de la pierre de l'Herzégovine des maisons d'Uvijeće. Le village abandonné n'avait pas l'atmosphère fantomatique habituelle des hameaux où plus personne ne vit. Peuplé naguère de trois cents âmes, il ne comptait désormais qu'un éleveur de moutons qui fabriquait et portait le fromage au marché de Trebinje. De la prairie, il salua Kosta qui ramenait la chèvre habituée à recevoir sa récompense – une poignée de maïs – pour l'avoir, comme chaque jour, réveillé. Dès la traversée de la vigne qui séparait Uvijeće du monastère, ce matin ressemblait aux précédents. Kosta cueillit du raisin qu'il fourra dans son sac, sachant que ces quelques grappes seraient sa seule nourriture de la journée. Le tintement répété de la cloche qui, à l'approche de l'église, appelait les premiers mots de la prière dissipa les frissons dus à la fraîcheur matinale.

Après s'être incliné devant l'icône de la Sainte Mère de Dieu puis redressé avant de s'allonger face contre terre, tout en priant, Kosta sentit l'incertitude disparaître et, avec elle, sa seule et unique hantise : l'imprévu qu'il redoutait. Il lui semblait que, dans l'existence, seul un chemin de vie bien ordonné pouvait l'en préserver.

Se prosterner dans l'église et toucher du front le sol réchauffé par le soleil brûlant de l'Herzégovine lui faisait perdre la notion du temps. Les doux visages du passé défilaient alors devant ses yeux, une succession d'images qui avaient fait de sa vie celle d'un martyr.

Quand il rejoignit les ouvriers qui taillaient la pierre en vue de l'extension du monastère, Kosta pensait déjà au cours normal de cette journée. Ce travail était pour lui un devoir, il ne lui coûtait guère, et l'écho des coups de burin lui procurait une monotonie qui lui plaisait. De la sorte, et sans effort, il pourrait triompher de cette nouvelle journée. Il leva la tête vers le sommet de la montagne et son point culminant au-dessus de la ville ; il la regarda avec les yeux d'un homme que le destin avait trop accablé. Déjà, il ébauchait une nouvelle ascension, se représentait les images qui suivraient, déjà ses pensées le portaient tout là-haut. Après le départ des moines pour la collation et la méridienne, Kosta remplit son sac de soldat des éclats de la pierre qu'il taillait. Son sac bourré et chargé sur son dos, il sentit enfin son vrai poids !

Sur la place de Trebinje, près du marché, chaque jour à la même heure, de jeunes imberbes jouaient à shooter dans un ballon. À l'arrivée de Kosta, ils s'arrêtaient sachant que ce dernier leur apportait des présents, leur distribuait des figues séchées ou quelques grappes de raisin cueillies devant le monastère. Tout en grignotant les fruits, les gamins le regardaient s'éloigner, à la fois admiratifs et étonnés, mais aussi avec un respect peu fréquent chez les enfants turbulents des villes.

Les cloches sonnaient quand Kosta pénétra sur la place de la cathédrale. Un cortège nuptial sortait justement, sur le parvis, après la cérémonie. Deux jeunes à peine pubères, aux intentions visiblement peu avouables, fumaient sur un banc et se retournaient sans cesse, comme aux aguets. Le premier se leva, se dirigea vers le buisson et le monument à la sortie du square de l'église. Il observa le cortège qui s'avançait et, de la tête, donna le signal ; l'autre retira une boîte en carton de dessous le banc, puis alluma trois cigarettes. Tout en se battant contre la fumée qui lui piquait les yeux, il extirpa trois vipères de la boîte. Tandis qu'elles agitaient leurs queues étincelantes, il leur serra le cou d'une main ferme et leur enfonça à chacune une cigarette allumée dans la gueule, puis il se précipita vers la sortie du petit square. À pas lents, le cortège approchait. Le garçon disposa les vipères de telle façon que le jeune couple ne pouvait les éviter. Et, de fait, le photographe et un joueur d'accordéon tombèrent les premiers sur un serpent aux airs de grenouille sur le point d'éclater.

Quand il explosa, la mariée se mit à hurler, le marié lui cacha les yeux. Très vite, un deuxième serpent sauta comme un pétard. La jeune femme poussa un cri d'oiseau blessé et, en pleurs, partit en courant vers la place de la ville, le cortège à sa suite.

Du pas régulier de celui qui porte un fardeau, Kosta arriva près de la rivière. Un cortège funèbre progressait lentement sur la grand-route, un cercueil posé sur une remorque tirée par un tracteur. Derrière, tous les véhicules stoppaient et coupaient leur moteur. Bientôt, une longue colonne s'étira, Kosta se demanda si, ailleurs dans le monde, on témoignait autant de respect à ses défunts. Il s'arrêta, souleva légèrement de son dos la lourde charge et déplaça les sangles qui lui cisaillaient les épaules. Tout à coup, le silence se brisa. Une Lada grise, aux feux allumés, doubla à toute vitesse la colonne. Dans le cortège, tout le monde la regarda sans mot dire passer en trombe. Le conducteur donna alors un brusque coup de frein, et chacun put apercevoir sur la banquette arrière une femme visiblement arrivée au terme de sa grossesse, qui demandait qu'on lui portât assistance. Descendu de voiture, le conducteur s'approcha d'une femme toute de noir vêtue.

— Mara est avec vous ?

— Là-bas, tout au bout !

— Il faut m'aider. Jamais Ana n'arrivera vivante à l'hôpital !

La femme indiqua la tête du cortège, et l'homme s'élança. À voir ses gesticulations, il était clair que cette autre femme en noir savait ce qu'il convenait de faire. Tous deux se signèrent en passant devant le cercueil, montèrent dans la Lada. La femme enceinte se tordait, s'efforçant d'atténuer la douleur, tandis que le conducteur repartait en marche arrière pour s'arrêter à la fin du convoi. L'autre femme descendit avec un seau qu'elle se hâta de remplir d'eau avant de revenir.

Le cortège funèbre s'éloigna, la femme sur la banquette criait de plus en plus fort. À peine le dernier homme en noir avait-il disparu derrière le vignoble qu'un vagissement retentit. La venue d'un nouvel habitant dans la ville fit naître un sourire sur le visage de Kosta qui traversa la rue et longea la rivière.

Depuis toujours, le grand moulin, qui tournait lentement, déversant l'eau du bout de ses godets, fascinait Kosta. Une nouvelle fois il songea que le cercle était la figure absolue. Le cosmos n'était-il pas un cercle ? Sa propre existence lui paraissait sortie de cette figure. Peut-être que l'espace infini n'était en fin de compte qu'un cercle ordinaire. L'existence ou non de quelque chose au-delà de cette circonférence continuait de turlupiner Kosta, tandis qu'il pataugeait dans l'eau de la Trebišnjica.

Aucune difficulté pour moi tant que ce chemin me conduit, pensa-t-il en traversant la caillasse.

Parvenu au pied de la montagne, Kosta savait que le combat ne faisait que commencer. Il s'arrêta et, lentement, avec vénération, leva la tête vers le sommet. Il sentit son cœur battre dans sa poitrine. Impatient, il ne pouvait attendre l'instant où l'ascension embraserait en lui une passion que nul ne saurait comprendre. Et il entreprit de gravir la pente, tout en regardant la roche sous ses pieds.

Au cours de ces dix dernières années, il n'était pas parvenu à y imprimer de trace nette, immuable. Mais que des chevreuils y suivent un chemin en zigzag, que des quadrupèdes grimpent à toute vitesse, et avec aisance, cela le dépassait. Chaque fois qu'il s'arrêtait un instant pour souffler, il voyait avec dépit deux chèvres le précéder en sautillant avec agilité, tout en broutant des buissons dans le karst.

Ah, songea-t-il, si j'étais un oiseau. Ou alors une chèvre !

Les deux chèvres disparurent, ne laissant que le tintement de leurs cloches comme trace de leur passage. Peu à peu, le bruit s'évanouissait, bientôt il n'y eut plus que le chant des cigales. Dès que le soleil était au zénith, leur verve s'affirmait et il semblait alors que toute la rocaille ne voyait plus mais entendait uniquement.

Kosta aperçut le sommet. Il savait qu'une fois de plus il y parviendrait. Il ne regarda pas ses pieds qui, fréquemment, s'empêtraient dans le bas de sa soutane. Il suffisait d'une petite pierre pour le faire trébucher et le mettre à terre. Trébucher, il en avait l'habitude. À chaque chute, il lui fallait faire volte-face, tourner le dos à la pente et se coucher sur son sac rempli de pierres. Et cette fois encore ; sauf qu'en tombant il vit deux faucons faire la course. On aurait dit un jeu, une image plaisante que le ciel lui offrait, l'évocation des souvenirs et des rêves qui avaient marqué sa vie. Des larmes perlèrent au coin de ses yeux, mais il se ressaisit rapidement. Les deux faucons disparurent dans la vallée.

Je n'ai pas le temps de pleurer, songea-t-il.

Car devant lui se dressait une falaise qu'il lui fallait escalader à quatre pattes, et sans se retourner. Le ferait-il que les pierres dans son sac à dos l'entraîneraient en arrière et le projetteraient en bas. Mourir ne lui faisait pas peur. Son regret serait de n'avoir pas atteint une nouvelle fois le sommet. Seule cette ascension préservait encore l'équilibre de sa vie. Vu sa position, légèrement courbé vers l'avant, une pierre s'échappa du haut du sac et lui tomba sur la tête. Il fit halte ; non qu'il fût fatigué. Il attendit, se retourna, ne vit rien. L'étonnement et l'impatience se lisaient sur son visage. Ici, d'ordinaire, il rencontrait un serpent rougeâtre. Chaque jour, à la même heure, il se montrait sachant que Kosta allait passer. Par sa présence, et à chaque fois, il rappelait à Kosta le passé et les événements qui avaient bouleversé sa vie. Alors que Kosta s'étonnait de ne pas le voir encore, le serpent pointa la tête de dessous un rocher un peu plus en hauteur. Il décocha un simple coup de langue et s'approcha lentement. Kosta sortit sa gourde de soldat et versa du lait dans un récipient en fer-blanc. Sans attendre, le serpent se mit à laper, et Kosta poursuivit sa progression.

Dans l'escarpement, Kosta jeta derrière lui un regard inquiet : les deux chemins, celui qui s'ouvrait devant lui, mais aussi celui qui se terminait là, étaient périlleux. Se raviser et faire demi-tour l'était tout autant. Il retira sa soutane, tourna sur lui-même pour dénouer la corde enroulée autour de son corps, et la fit tournoyer en l'air comme un lasso ; la boucle s'envola dans un sifflement. S'assurant que celle-ci s'était solidement accrochée, il grimpa le long de la paroi où chaque erreur pouvait se révéler fatale.

Son chemin de croix jusqu'en haut de la falaise comprenait deux montées et trois descentes. Se présentait alors l'épreuve la plus difficile. Comme dans la vie, l'exaltation lui avait fait emprunter des chemins ascendants, et il lui semblait les avoir vaincus plus facilement que les chutes la tête la première. Parce que emprunter les chemins de traverse n'était pas une question de choix et qu'il ne maîtrisait pas convenablement les descentes. Elles lui étaient imposées par l'histoire et les malheurs qu'elle engendrait. Kosta savait que ce calvaire le maintenait en vie ! Ses bras et ce chemin supporteraient-ils le poids de son corps ? Face à lui trois crêtes formaient un seul à-pic. À condition de réussir trois fois de suite à grimper et à descendre, puis, au bout du compte, à passer une fois encore le sommet, il resterait une dernière montée menant au point qui culminait au-dessus de la ville.

Les traits marqués par la fatigue, il tira sur la corde, se hissa vers la cime de la montagne. Il était au bord de l'épuisement, la sueur ruisselait sans discontinuer de son visage tourné vers le haut, mais ses yeux et le sourire qu'il arborait encore dominaient toute la vallée. La deuxième paroi franchie, il se laissa glisser ; affronter la troisième le soulagea. Il sourit, il savait désormais que, malgré son extrême fatigue, il allait revoir Mlada.

Il escalada la falaise, gémit, cria de douleur, et, enfin, vainquit le troisième sommet. Il courut jusqu'au pied de l'ultime élévation et, comme en transe, l'attaqua en traînant derrière lui son sac de pierres. Il tituba, ses jambes ne le portaient plus, il tomba à genoux, se coucha sur le dos. Mais il ne renonça pas.

Restaient deux cents mètres, il rampa jusqu'en haut. Le ciel venait de prendre la place de la terre, la terre supplantait le ciel. Tout se renversa, il marchait à reculons ; et, brusquement, il s'arrêta. Le contact d'un crâne le fit sur-le-champ se retourner. Des bourrasques de vent cinglaient la montagne, il aperçut un tunnel ; au bout, le ciel s'y dessinait. Deux oiseaux en suspens tenaient une robe de mariée déployée. Nue, Mlada se redressa, les oiseaux prirent leur essor puis, pareillement, redescendirent. Mlada revêtit sa robe de mariage. Elle était heureuse. Kosta ferma à demi les yeux. Dans le tunnel, quelqu'un se précipitait vers l'autre extrémité, vers le ciel, Mlada s'enfuyait. Kosta enfila le tunnel à toutes jambes, arriva rapidement au bout. Mlada sauta dans un petit lac, disparut sous l'eau. Aussitôt Kosta sauta à sa suite. Tous deux plongèrent. Sans pouvoir se rejoindre. Sous l'eau, tout à coup, une main toucha Kosta. Il se retourna.

Un coup de tonnerre. Kosta tressaillit, sortit de ce rêve. Il leva à nouveau les yeux vers le ciel. Le ciel se déchira, la pluie lui inonda le visage.

Il se dressa et, comme poussé par un regain de force animale, se mit à courir, à grimper. À grand-peine, le martyr traîna son sac attaché avec la corde et sa ceinture, atteignit la clairière d'où la ville apparaissait comme dans un écrin. De ses yeux débordant d'incrédulité, pour la énième fois, Kosta regarda les quatre points cardinaux.

Je suis à nouveau parvenu en haut, se dit-il.

Tandis qu'il se dirigeait vers le gros rocher où, brisé par la dure ascension, il avait coutume de s'asseoir, une corneille traversa le ciel en l'observant de ses yeux intelligents. Elle décrivit un large cercle autour de Kosta dont le visage s'illumina malgré une respiration hachée mais qui n'en indiquait pas moins un nouvel élan dans la vie de frère Kosta.

Il ôta sa ceinture et la corde, et s'assit. Son cœur apaisé, sa respiration redevenue normale, il sortit de son sac deux grappes de raisin. Il plaça la Sainte Bible sur le rocher, et le raisin à côté. Il ne vit pas la corneille se poser sur le rocher voisin. Il contempla la vallée, la ville ceinte de roche nue, et le chagrin s'empara de son cœur. Il versa des larmes silencieuses, tout en suivant des yeux deux faucons qui traversaient la vallée infinie.

Il aurait pleuré longtemps si la corneille n'en avait profité pour venir d'un saut sur le rocher où était posé le raisin. Kosta se retourna et ses larmes cessèrent. Voir l'oiseau picorer le raisin lui rendit son sourire.

Au prix d'un grand effort, Kosta porta au-dessus de sa tête les pierres qu'il venait de monter jusqu'au point qui culminait la ville, et il les regarda dégringoler la paroi rocheuse. Demain, croyait-il, tout serait impossible à recommencer, tout aussi infaisable que ça l'avait été aujourd'hui.

Étranger dans le mariage

Mon père, Braco Kalem, adorait raconter les exploits courageux accomplis par les femmes. Ses héroïnes favorites étaient Jeanne d'Arc, Marie Curie, Valentina Terechkova… Quand il évoquait le rôle joué par une mère dans l'histoire, l'émotion l'étreignait, sa chemise palpitait dans les parages de son cœur, il desserrait sa cravate et, au bout du compte, finissait par éclater en sanglots.

— La mère de Momo Kapor a fait écran de son corps pour protéger son petit Momčilo d'une bombe fasciste lancée sur Sarajevo. Il a eu la vie sauve, et la camarade Kapor a trouvé la mort dans l'explosion !

Les larmes lui ruisselaient le long des joues. À force de le regarder, je me mis aussi à pleurer… Oui à pleurer ! Sans savoir vraiment ce qui m'émouvait – mon père ou cette histoire de mère.

Mon père n'était pas bâti selon les normes JUS[1]. Il mesurait un mètre soixante-sept et portait des talonnettes de quatre centimètres ; il faisait toujours faire ses costumes chez le tailleur et veillait bien à ce que ses bas de pantalon les dissimulent. Depuis que la mode était aux pattes d'éléphant, on lui voyait à peine la pointe des chaussures. Auprès d'une femme de taille moyenne, et j'avais pu le remarquer lors des célébrations du 29 novembre, il affichait un air supérieur très appuyé. En réalité, il décochait des œillades sans battre des paupières, et les femmes lui souriaient en retour. Soutenir son regard leur était parfois pénible. Comme s'il perturbait le rythme de leur respiration.

— Allons, camarade Kalem, je vous en prie ! Vous me gênez…

Si les dames considéraient mon père avec une telle faiblesse, je commençais à comprendre pourquoi elles ne figuraient pas aux premiers rangs lors des grands bouleversements, révolutions et autres guerres. Ce n'est qu'ensuite – quand ils s'étaient rendu compte que leurs actions manquaient de femmes – que les hommes avaient joué les gentlemen. Mes connaissances sur l'histoire de l'humanité étaient insuffisantes. Au lycée, en troisième, on abordait juste le remplacement du matriarcat par le patriarcat. Jusque-là, les femmes avaient exercé leur domination sur les hommes et les animaux. C'était au

1. Jugoslovenski standard (normes yougoslaves).

temps où l'homme chasseur avait perdu la primauté. Depuis, les comptes entre les hommes et les femmes étaient restés en suspens. Des milliers d'années que cela durait, sans qu'aucun règlement n'intervînt. Aujourd'hui, on célèbre le 8 mars et les exploits de Mara, la partisane ! D'elle aussi, mon père aimait bien parler. Mais pourquoi à moi ? Il savait très bien que je n'en avais rien à fiche !

Le goût des secrets m'était venu au camp d'éclaireurs de Sutjeska, avec le détachement Sava Kovačević. Qui ambitionnait de devenir estafette devait maîtriser parfaitement la technique du silence. Et en voir de toutes les couleurs pour ne pas rester simple éclaireur. Pour être promu à ce grade, il fallait garder bouche cousue vingt-quatre heures durant. Me taire me plaisait bien – moins on parle, plus on pense ! On avait beau prétendre que parler était la plus belle réussite du genre humain, j'avais découvert qu'il ne fallait jamais le faire à tort et à travers. Voilà pourquoi mes premières expériences avec les filles furent des échecs.

À un rendez-vous, par exemple, je m'étais mis à bêler comme un mouton, à postillonner à travers mes dents.

— Mais dis quelque chose ! s'était-elle exclamée.

— Quoi ?

— Quelque chose de joli…

— Qu'est-ce que tu trouves joli ?

— N'importe quoi. Tu pourrais me dire… que tu m'aimes !

— Comment ça ? C'est même pas vrai !

Jamais encore je n'avais raconté à mes potes quoi que ce fût de ce qui se passait chez nous. Mais un jour, quelque chose me poussa à m'épancher à Ćoro et à Crni. Nous nous trouvions devant le magasin à boire de la bière et à attendre les petits pédés de Peyton pour leur taxer un droit de passage. Je me lançai à raconter l'histoire de la mère de Momo Kapor et, tout à coup, les larmes me vinrent. Aussitôt, Ćoro me tomba dessus :

— L'aut' qui chiale… Pisseuse, va !

— Une larme, seulement.

— Un voyou, un vrai, ça pleurniche pas. Même si sa vieille vient de crever !

— Et toi, t'as pas pleuré peut-être quand ton vieux, il est mort ?

— Tu me lâches, dis ?! Je suis ton boss. Allez, on va là-haut !

On l'appelait Ćoro – le bigleux –, car il plissait les yeux pour lire et regarder au loin. Mais il refusait de porter des lunettes pour ne pas avoir l'air d'une gonzesse. C'était le plus costaud de la bande, il se bagarrait avec de plus grands que lui, et c'est lui qui a porté le premier un pantalon à carreaux. Du coup, à l'école, tous les maîtres le surnommaient le clown.

— Si moi, je suis un clown, m'sieur le directeur, alors vous, vous êtes quoi ? Clownesque ?!

— Surveille ton langage !

— Et Rod Stewart, c'en est un de clown ? Lui aussi, il a un pantalon comme ça.

— Fais attention à ce que tu dis !

— Et il a de quoi tout acheter ; et l'école, et cette salle de réunion, et le journal où vous nous collez des matches de catch !

— Fais attention à ce que tu dis ! répétait, apeuré, le directeur de l'école Hasan Kikić.

Crni était le plus petit, le plus vif aussi, et il ne se séparait jamais de son tournevis pointu ; il lui servait à se curer les dents, se faire les ongles, fracturer les kiosques à journaux – et à tenir à distance les plus costauds de la rue. Il marchait toujours dix bons mètres devant nous, et là encore, il nous précédait dans l'ascension de Crni vrh, le sommet noir – mais ce n'était pas à cause des tsiganes qui vivaient en haut de Gorica qu'on l'appelait ainsi, ce qu'on aurait pu croire, vu qu'en ville on les appelait les noirauds. À l'autre bout du quartier tsigane, dans la cour d'Orhan Sejdić, des combats de chiens étaient organisés. Et cette fois-là, à ce qui se disait, le spectacle serait au rendez-vous : un rottweiler et un loup allaient se battre – à mort !

— Arrivez, mes gens, c'est pas de la rigolade ! C'est pas de l'arnaque ! Un loup qui a refusé d'être un chien, et un rottweiler qu'a pas peur d'un loup vont s'affronter. Que le meilleur vive !

Le vent diffusait alentour la voix nasillarde de l'aboyeur dans le haut-parleur.

Tandis que nous approchions d'un groupe composé des supporteurs du rottweiler et de ceux du loup, l'histoire de la mère de Momo Kapor me revint sans que je sache pourquoi.

— Mon vieux prétend que Momo Kapor est un aristocrate vu ce qui est arrivé à sa mère.

— Oh là ! là ! La vie, la mort, en v'là des questions ! Rien à foutre de ton aristocratie ! Oublie Kapor et sa vieille, et r'garde un peu ça !

Et Ćoro de claquer cent dinars dans la main d'Orhan Sejdić :

— Cent sur le loup… !

Aussitôt, Sejdić inscrivit le nom de Ćoro dans un livre de compte et rafla la mise de son autre main, celle qui n'avait plus que trois doigts. À Gorica, les langues allaient bon train : soit sa femme l'avait mordu parce qu'il l'avait trompée, soit son rabot de menuisier lui avait piqué deux doigts. Orhan sourit, et désigna l'arène.

Ćoro se fraya un chemin jusqu'au premier rang. Et, sans déroger à sa vieille habitude, il flanqua une gifle à son voisin immédiat :

— Me laisse pas t'en remettre une ! Dégage !

Il n'aimait pas les crapules, même s'il ne pouvait servir d'exemple. Faire le coup de poing, ou de menus larcins, était pour lui inévitable. Les voyous plus âgés ne pensaient pas autrement. Ils aimaient parler de justice, s'extasiaient devant ceux qui étaient à la fois intelligents et vauriens, mais ce n'étaient pas pour autant des criminels. Ils se rêvaient bons, aimables, ne jurant pas, lisant des livres, mais le sort leur avait assigné le vice comme chemin de vie. Pour la plupart, ils finissaient en prison. Convaincus que, dans la nature, les loups faisaient régner l'ordre et la débarrassaient de la vermine, ils agissaient de même avec les hommes.

— T'as vu l'allure qu'ils ont ? me dit Ćoro en désignant des crapules édentées. Aucun n'arracherait une larme à sa propre mère !

Ils poussèrent des rugissements de chiens enragés, firent plus de bruit que le rottweiler et le loup réunis. Tous brandissaient leurs billets, comme s'ils arboraient leur étendard.

— Le roi de la forêt… Tu m'en diras tant, dit Ćoro en me montrant l'arrière-train et la queue du loup.

Le loup semblait à chaque instant sur le point de faire sous lui. Le rottweiler à grosse tête s'élança, le mordit, plusieurs fois. Le loup ouvrit à peine la gueule, répondit à l'attaque d'un coup de dents. Subitement, les supporteurs, y compris les plus acharnés, cessèrent de rugir ; la meute de vauriens interrompit son raffut d'un coup. Le fils d'Orhan déboula et, tout retourné, bafouilla :

— La po… la po… po…

— Putain ! s'écria Orhan. La police !

Puis, sans plus bégayer, le gamin hurla telle la sirène que l'on déclenche chaque premier du mois :

— Les fliiics !

Dans la foule, il n'y avait que des délinquants qui se faisaient systématiquement coller en prison à chaque visite de Tito à Sarajevo. Si, en cet instant, aucun n'avait rien fait de mal, tous se sentirent néanmoins coupables. Ils savaient qu'ils n'avaient rien « sur le dos », mais que ce serait chose faite dans les plus brefs délais. Cela tombait sous le sens aussi pour les policiers qui se lancèrent à leur poursuite sur le versant de Gorica dans une avalanche de coups de matraque. L'important pour la vermine était de ne pas finir dans le panier à salade qui approchait dans un long nuage de poussière.

— Putain, mais regarde ! Vise un peu ces pauvres bêtes ! s'exclama un policier qui s'extrayait de sa *tristać* en se lissant la moustache.

Il fixa le loup plein de sang, yeux clos, visiblement à l'agonie. Échauffé par l'hystérie qu'avait déclenchée le sauve-qui-peut, le rottweiler à tête noire et blanche planta de plus belle ses dents dans le cou du loup, le secoua de gauche à droite, avant de le relâcher.

— Orhan, je vais te dézinguer ! Y manque deux biftons de cent !

— Moi, pareil, lança-t-on de la briqueterie désaffectée. T'en as trois à me refiler !

Le rottweiler était sur le point d'attaquer à nouveau le loup ; mais, devant son immobilité, il se contenta de le traîner du bout des dents. Puis, assuré de son triomphe sur le roi de la forêt, il se mit à tourner autour de sa victime en cherchant le regard de son maître. Celui-ci ayant disparu, il observa les policiers, la langue pendante, dans l'attente de félicitations.

— Tu parles d'un loup pour se faire estropier comme ça par un rottweiler ! déclara le policier moustachu.

Le chien se rassit près du loup et regarda le policier. Une fraction de seconde, et la situation s'inversa – tout le monde ayant oublié le refus du loup d'être un chien. Pour avoir cru trop vite à la mort du roi de la forêt, le rottweiler se fit châtier. Le loup ouvrit grand sa gueule, comme pour expirer. Un coup de mâchoires, alliant puissance et précision, et le sang gicla des jugulaires du chien, tandis que ses pattes de devant battaient l'air. La tension et la pression qui augmentaient menaçaient de faire éclater ses veines gonflées. Un dernier tremblement, et le chien était mort.

Tandis que le loup tournait en rond et déchiquetait à belles dents la chair du rottweiler, Ćoro, Crni et moi, qui dégringolions la pente de Gorica, fûmes cloués sur place par un coup de feu tiré en l'air.

— Un pas de plus, et je t'en colle une dans le cul ! cria Moustache.

— Mais m'sieur, gémit Crni, j'ai rien fait, je vous jure !

Moustache et trois autres policiers nous encerclèrent et, sans crier gare, distribuèrent les coups de matraque. Les bras levés au-dessus de la tête, nous nous efforcions de nous protéger. Une poignée de perturbateurs plus âgés se firent « embarquer », les autres réussirent à se débiner.

— Petit, me demanda Moustache qui m'empoigna brutalement le bras, quel est ton nom ?

Je secouai la tête avec un cri de douleur.

— Momo… Momo Kapor.

Ćoro me regarda, surpris. Crni masqua son sourire de sa main. L'autre policier et Moustache s'interrogèrent du regard.

— Mettez-vous là-bas, contre la clôture ! ordonna Moustache en indiquant une bicoque. Vos papiers ! Vos cartes d'identité, elles sont où ?

— On est encore des enfants. À peine quatorze ans.

— Un enfant, toi ? Costaud comme t'es, tu décornerais un taureau !

Tout en notant le nom de Crni, Moustache se tourna vers moi.

— Čedo Kapor… c'est qui pour toi ?

La réponse tonna tel un coup de canon :

— Mon oncle !

— T'as pas honte ?!

— Non, je suis…

J'étais sur le point de dire : Aleksa Kalem, fils de Braco et Azra Kalem. À cause de Ćoro et de Crni, parce qu'ils pouvaient confirmer que c'était bien là mon nom.

— T'es quoi ? me coupa Moustache. Tu devrais avoir honte. Si ton oncle sait que tu salis la famille Kapor, ça va être ta fête ! Allez, file chez toi ! Et que je te revoie plus par ici ! Honte à toi !

« C'est bien la première fois que je rentre sous un faux nom. Mais pour usurpation d'identité, c'est la maison de correction ! » Voilà ce qui me résonnait dans les oreilles. Pourtant, être quelqu'un d'autre me plaisait bien. Me glisser tout d'un coup dans la peau d'un écrivain ! Super ! Miraculeux !

Notre milice ne lisait pas de livres. Une chance, car si Moustache avait su que Momo Kapor était l'écrivain le plus lu, aurais-je survécu à la volée que j'aurais reçue ? Je me le demande.

Mais comment aurais-je pu deviner qu'il existait un lien de parenté entre Čedo et Momo Kapor ? Čedo était régulièrement invité au journal télévisé, il faisait démarrer les centrales hydroélectriques, l'asphaltage des routes, il coupait le ruban lors de l'inauguration des salles de sport et des aciéries, il apportait l'électricité dans les villages les plus reculés de Bosnie-Herzégovine. Comment aurais-je pu savoir ?

Ma mère fut réveillée par le grincement de la porte d'entrée.

— C'est maintenant que tu rentres ? D'où tu sors ?

— De la bibliothèque.

— De la bibliothèque… toi ?!

— Pourquoi pas ?

— Une bibliothèque encore ouverte à dix heures et demie du soir… Tu as vu ça où ?

— Ils ont ouvert un café littéraire ; en fait, une librairie. On boit du café et du « kokta », on lit des livres, et on discute.

— Par toi, je peux donc savoir ce qu'il y a de nouveau, et des informations de première main !

— Momo Kapor a sorti un nouveau livre.

— J'adore *Les Notes d'une dénommée Ana.*

— Le vrai titre, c'est *Le Provincial.*

— Il est comment, ce livre ?

— La couverture est super belle…

L'hiver était rude ; ce qui, j'ignore pourquoi, me confortait dans l'idée qu'il valait mieux être Momo Kapor qu'Aleksa Kalem. Ćoro et Crni, qui avaient l'habitude de jouer au poker au bout des nouveaux immeubles, en bas de l'école, venaient tous les jours siffler sous ma fenêtre. Il leur fallait un troisième.

— Le destin de Momo Kapor m'obsède, quel aristocrate ! avait déclaré Braco tout en mangeant son chou farci, à la table de la cuisine.

Azra ne supportait pas la légèreté de son époux, mais, ce soir-là, j'étais sûr qu'il ne verserait pas de larmes sur la gent féminine. Pourquoi donc pleurait-il en évoquant le rôle des femmes dans l'histoire ?

— On naît vraiment aristocrate ?

— J'ai dit le contraire ?

— Non, tu ne dis rien ! Il n'est pas devenu aristocrate pour avoir échappé à une bombe, il est né comme ça !

— Mais merde, c'est exactement ce que je dis ! Mais, bon… je te l'accorde, il n'est pas aristocrate.

— Si ! Mais pas pour ce que tu prétends !

Braco renonça à discuter, mais aussi à souper. Car il revenait d'un déplacement de quelques jours – un truc à finir à Belgrade – et quand il rentrait de

Belgrade, les discussions ne s'éternisaient pas. À ses retours de Zagreb, en revanche, les scènes avec ma mère se prolongeaient jusque tard dans la nuit.

— Ça signifie qu'à Belgrade sa maîtresse le pompe jusqu'à la moelle, avait décrété Ćoro. Qu'elle l'épuise, qu'elle le met sur les genoux… Tandis que celle de Zagreb…

— Tu crois ?

— Ou alors, il est amoureux de celle de Zagreb !

— Tu dis n'importe quoi ! Mon vieux respecte les femmes. Tu n'imagines même pas comme il raconte bien leurs exploits !

Ma défense de Braco Kalem était plutôt faiblarde. Mes arguments sonnaient aussi creux que les dialogues du feuilleton *Les Forts en thème*, de TV Sarajevo – vides et pas crédibles.

Qui sait pourquoi, mon père était coulant avec ma mère. Chaque fois que c'était tendu entre eux, ils faisaient la course, c'était à celui qui arriverait le premier jusqu'à moi. Parfois, ils restaient tous les deux coincés sur le pas de la porte de ma chambre. Cette fois-là, mon père pointa le bout de son nez et s'assit sur mon lit. Tout en regardant les chaussures Star sur la couverture du *Provincial* dans l'édition publiée par Hit, il se lança dans une réflexion philosophique sur la difficulté de devenir adulte.

— L'essentiel pour un homme, c'est de grandir et de tenir solidement sur ses jambes !

— Et d'avoir une haute stature.

Il me regarda, avec sérieux.

— Je ne te parle pas de taille, mais de qualités humaines. Un gars de deux mètres pourra rester puéril, et un autre d'un mètre soixante être mature ! Toi qui es si malin, dis-moi : comment sauras-tu que tu es adulte ?

— Une fois les sens satisfaits, les pulsions élémentaires, le sexe…

— Il te faut acquérir de l'assurance. Comment y parvient-on ?

— Oui, comment ? Quand je serai sûr ?

— Quand tu auras appris à marcher, que tu auras des souliers ferrés.

— Comme un cheval ?

— Ne dis pas de bêtises ! Tu marches sur le trottoir, et la rue tout entière résonne de tes pas ! Rien qu'au bruit, on reconnaît ta confiance en toi !

— Non ? Ça s'entend ?

— Il faut marcher d'un pas mesuré, lui prêter l'oreille. Tu comprends ?

— Non.

— Avoir le contrôle de sa démarche. Se déplacer l'épaule droite légèrement haussée, discrètement, pour que personne ne s'en aperçoive.

— Je vais devoir porter des talonnettes, comme toi ?

— Tu sais bien que c'est à cause de ma colonne vertébrale, et non pour une question de taille !

Et subitement, ses histoires sur la bravoure des femmes me revinrent. Aucun doute possible, les talonnettes des chaussures d'hommes et les récits sur les héroïnes de l'histoire n'étaient pas sans rapport. Pourquoi mon père pleurait-il quand il racontait leurs exploits ?

— Les hanches ne doivent pas bouger ; on te regarde, surtout les femmes. Elles aiment entendre cliqueter les fers.

— Comme Fred Astaire ?

— Danser les met à l'aise. Et sans danse, pas de baise !

Je ne me suis réveillé qu'en été. J'avais laissé derrière moi la quatrième au lycée, telle une valise oubliée dans le porte-bagages d'un train en route pour une destination inconnue ! Seule l'histoire sur Momo Kapor demeurait toujours vivante.

Un matin torride de juillet, j'ouvris les yeux et regardai le réveil, il était huit heures et demie. De la cuisine, on entendait commérer les voisines.

— Qu'est-ce qu'il raconte de beau Momo Kapor dans *Bazar* ?

— Qu'à Belgrade les académiciens ont tous des maîtresses.

— Tous ?

— Il pousse un peu, mais je vois ce qu'il veut dire.

— D'après lui, c'est pas bien de le cacher.

— S'ils le crient sur tous les toits, on peut plus parler de maîtresses, surtout si les amants sont des scientifiques.

— Des scientifiques ? Quel rapport ?

— Vous avez rien compris, Momo s'en prend pas aux maîtresses, mais aux faux jetons ! Aux académiciens qui n'osent pas divorcer !

— Momo, il est à l'académie, non ?

À entendre cette histoire sur Kapor, il me vint une idée. Formidable, mais périlleuse. Du coup, pour aller au magasin, je ne pris pas le même chemin que d'habitude. J'enjambai le balcon et me laissai allègrement descendre de la corniche du premier étage jusqu'en bas. Je n'avais aucune envie de passer à côté de femmes dont l'histoire n'avait pas retenu les noms.

Mes jambes me portèrent jusqu'au magasin ; Ćoro et Crni jouaient aux cartes. Je devais vérifier s'ils glandaient. Un coup d'œil me suffit. Pas de doute, ils allaient accepter mon idée. Nul besoin de discours.

— Comment tu vas, Momo Kapor ?

— Mieux que tu le penses. J'ai un plan… d'enfer !

— Pour usurpation d'identité, tu sais combien on prend ?

— Non, mais pour l'instant c'est pas la question.

Afin que mon plan d'enfer se réalisât, j'avais besoin de l'autorisation d'Azra pour aller au lac de Jablanica.

— C'est week-end libre à l'école élémentaire.

— Tu es sûr que *lui* te laisserait y aller ?

— Il est où ? À Belgrade ou à Zagreb ?

— Belgrade.

Je marquai un temps d'arrêt, comme si j'allais embrayer sur le sujet Belgrade et Zagreb.

— On va pêcher, pas braquer une banque ! repris-je.

— Sitôt là-bas, tu m'appelles de la poste. Que je ne me fasse pas un sang d'encre à cause de toi ! dit Azra en me serrant dans ses bras.

La maison de Ćoro abritait une petite boutique qui recelait des produits volés en Allemagne. Dans ce fonds, nous trouvâmes les costumes nécessaires à la suite de l'histoire de Momo Kapor.

— Vous allez où comme ça ? demanda la mère de Ćoro.

— Faire une virée !

À Gorica, une « virée » n'avait pas précisément le même sens qu'ailleurs dans le monde. Ce n'était pas un voyage ordinaire dû à la curiosité, ni une visite à rendre à un membre de la famille, ni un besoin de se reposer. À Gorica, faire une « virée », c'était… aller faire un casse ! Et, à moins de finir en prison, on rentrait chargé de butin.

— Eux deux, d'accord. Les virées, c'est leur lot. Mais pas toi, Aleksa ; tu ne vas pas te mettre à la cambriole ?!

— Qui dit qu'on va cambrioler ?

— Moi. Je sais ce que je dis. Et je le dis !

— M'man, arrête avec tes histoires !

Je ne parvenais pas à décoller mes yeux du miroir, d'elles-mêmes mes jambes se mirent à danser, comme actionnées par Fred Astaire.

— C'est pas mal d'entendre son pas, fis-je remarquer.

— Pour faire un casse, vaut mieux pas !

— D'après mon vieux, faut goûter chaque pas qu'on fait !

Sur le chemin de la gare de Normalna, mon épaule droite se releva toute seule. Ćoro n'apprécia pas.

— Qu'est-ce t'as à crâner ?

— Crâner… moi ?

— Baisse-moi cette épaule !

M'y résoudre ne fut pas facile, mais le plus fort… c'était le plus fort ! Quand Ćoro se tourna vers la prairie et le cirque Adrija, mon épaule regagna sa place. Toutes les filles qui clignaient des yeux à Sarajevo me firent l'impression de se figurer ma silhouette se brisant dans les vitrines de Marin dvor.

Sur le trottoir de l'hôtel Zagreb, le bruit de mes pas s'en alla percuter la cloche de l'église, le cliquetis de mes fers semblait porté par le vent jusqu'en haut du mont Trebević, avant de redescendre, telle une musique, jusqu'aux oreilles des filles de part et d'autre de Sarajevo. Mon père avait dit vrai, à entendre ses propres pas, la sensation se modifiait, on prenait conscience de sa propre dimension ! Et même dans le cas contraire, tout alentour se mettait à l'œuvre : Ćoro, Crni, et moi marchions au pas, comme les pilotes de *L'Escadrille des Partisans* !

— On est filmés ou quoi ! demanda Crni.

— Ton film, tu le tourneras en tôle si on se fait coincer ! répondit Ćoro.

À la gare de Normalna, quelques clochards nous accueillirent. Dans le haut-parleur, une voix de femme ajouta à la solennité de notre allure : « Le train Sarajevo-Metković-Kardeljevo, départ dans cinq minutes. Les voyageurs et les hommes d'affaires sont priés de monter en voiture. »

Nous réquisitionnâmes les meilleures places dans la voiture-bar qui était vide. Ćoro et Crni regardaient par la fenêtre, et l'employée de service me surprit en pleine lecture de *L'Attrape-cœur* de Salinger. Elle était grande, rousse, avec des yeux rosés comme Elizabeth Taylor. Sortant les bras des manches de leurs costumes, les deux autres rajustèrent leurs montres en agitant les poignets. En réalité, c'était leur manière de se faire à leurs vêtements d'emprunt. Et de ressembler aux voyous plus âgés, ceux dont on disait à Gorica : « Ça lit des bouquins, mais c'est des voyous ! »

— Vos billets, s'il vous plaît.

— C'est mon oncle qui les a. Čedo Kapor !

— Ton oncle ? répéta la fille en m'examinant d'un air suspicieux.

— Oui.

— Et il est où, ton oncle ?

— Il donne une interview pour RT Sarajevo.

— Où ça ?

— Dans le bâtiment, là, en face.

— Un petit monsieur, avec des favoris gris ?

— En personne ! m'exclamai-je sans savoir à quoi ressemblait Čedo Kapor.

— Mais je le connais !

— Super, poupée ! Au moins, tu sais à qui tu t'adresses !

— Un jour que j'étais sur le Belgrade, il était dans le train.

— Et ceux-là, ce sont mes cousins de Trebinje.

Tendant la main, Ćoro se présenta sous le nom de Nikola Kojović, de Trebinjska Šuma, et Crni comme Momčilo, un parent à lui.

— On va à Kardeljevo hospitaliser ma mère. Elle est au bout du rouleau, mon oncle a fait le nécessaire pour qu'elle reste quelques jours de plus à Neuma après l'opération mais, à ce qu'il dit, elle n'en a plus pour longtemps…

— Moi, c'est le frère de ma mère qui est mort le mois dernier. Vous voulez boire quoi ? demanda la fille en croisant mon regard – quelques fractions de seconde seulement, celles qui avaient assuré à Ingemar Stenmark la victoire dans la coupe de monde de ski.

La journée était chaude, les émanations de la graisse des roues remontaient dans la voiture-bar vide, se mélangeaient à l'odeur du savon dans son emballage marqué JŽ[1]. À peine la fille de service passa-t-elle derrière le comptoir que trois hommes en costume gris entrèrent dans la voiture. D'après leur conversation, nous comprîmes qu'ils travaillaient à Unis et qu'ils accompagnaient un Fritz, un contrôleur de qualité des Golfs.

1. Jugoslovenska železnica : la compagnie des chemins de fer yougoslaves.

— La nor-me, bredouilla le Fritz en serbe. Vous n'imaginez même pas ce que c'est !

— Nous allons y mettre de l'ordre. Et dans les hommes, et dans la production. Et dans cette fichue norme, s'il le faut !

— Toi, tu vas mettre de l'ordre dans la norme ?

De retour, et visiblement troublée, la fille posa les boissons sur la table puis tendit le bras vers moi :

— La maladie… on ne sait pas ce que c'est avant de perdre un proche. S'il te plaît, tâte-moi le pouls.

Son cœur palpitait sous mon index. Quand il avait trop bu, mon père faisait de l'arythmie cardiaque ; et prendre le pouls, je pratiquais ça depuis un sacré bout de temps. Malgré les battements rapides et inégaux, je me fis rassurant :

— C'est bon. Quel est le problème ?

— Sitôt qu'on parle de mort, je suis toute retournée…

— Épargne-moi ça ! intervint Crni.

— Mais sans vie, il n'y a rien !

La locomotive s'ébranla, une secousse projeta au sol le gros Fritz qui parlait de standardisation. Les deux autres costumes gris bondirent pour l'aider à se relever, mais le démarrage du train les faucha eux aussi.

Je me précipitai vers la fenêtre, l'ouvris et me penchai :

— Mon oncle ! Mon oncle !

La fille de service s'approcha tranquillement et passa la tête par la fenêtre. Ses cheveux voletèrent dans mes yeux.

— Arrête avec ton oncle, vaurien ! Tu cherches à me la faire, je le sais !

— Mon oncle ! Mon oncle ! continuai-je de crier.

— Je m'appelle Amra et j'habite rue Goruša. Škorić, tu connais ?

— Škorić… Škorić…

— L'ailier droit de l'équipe d'Igman de Hrasnica ; après, il a joué demi à Želja.

— Mais oui, bien sûr ! Je ne connais que lui !

— Il m'a emmenée en France quand j'avais quinze ans, il avait signé à Metz.

Elle sortit une photo ; elle y figurait en bikini, la jambe gauche lancée devant elle, près du mur de pierre de la plage de Split.

— Les hommes, vous êtes tous pareils !

— Comment ça… pareils ?

— Au début, on était copain-copine, puis il m'a traitée comme une bonne à rien. J'ai tout de suite trouvé un Français, le patron d'un laboratoire d'analyses. Riche, mais triste à pleurer. Au bout de deux mois, s'esclaffa-t-elle en tournant son visage vers moi, je me suis fait la malle. Tu t'appelles comment ?

— Momo Kapor.

— Tu me prends pour une idiote et pour une inculte ?

— Où j'irais chercher des trucs pareils ?

— Cinq ans que je lis ses *Notes d'une dénommée Ana*.

— Alors tu as entendu parler de sa polémique sur les académiciens : tous ont des maîtresses, ils n'aiment pas leurs femmes mais n'osent pas divorcer…

Je faisais le malin.

— À propos de maîtresses, ton vieux, il s'appelle comment ?

— Je te l'ai dit, Kapor.

— Non, Braco Kalem. Chez nous, c'est un régulier !

Je la dévisageai, glacé. Mais je repris vite mes esprits, sans lâcher le morceau. Quitte à me faire tuer sur place, jamais je n'aurais avoué que je n'étais pas Momo Kapor.

— C'est du vent !

— Quoi… du vent ? Ton vieux, il travaille pas au Conseil exécutif, peut-être ?

— Tu dois confondre…

Avec un sourire, elle secoua la tête de droite à gauche.

— Mon oooncle ! hurlai-je par la fenêtre dans l'idée que cette histoire me serait ainsi plus facile à avaler.

Mon père avait donc une autre femme en plus d'Azra, ma mère. Non, cela ne se pouvait pas ! Le grand mystère de sa vie était-il tapi derrière les larmes que l'héroïsme des femmes lui faisait verser ? Les racontars des voisines reflétaient donc l'exacte vérité : les hommes ne peuvent pas faire sans maîtresses ? Qu'est-ce que j'en savais, moi qui ne connaissais même pas la façon de marcher ?!

Amra s'approcha, ai-je cru, pour me murmurer quelques mots. Elle me fourra sa langue dans l'oreille, ce qui m'électrisa tout le corps.

— Comment on va faire sans ton cousin ? susurra-t-elle.

— Mon oncle, pas mon cousin ! rétorquai-je en rejoignant Ćoro et Crni à leur table.

Apparemment, la situation telle qu'elle évoluait n'était pas à leur goût. Ils fuirent mon regard et s'intéressèrent au paysage qui défilait derrière la fenêtre. J'ouvris *L'Attrape-cœur* et, le cœur battant à cent à l'heure, je fis semblant de lire.

Du regard, Ćoro et Crni me signifièrent de prendre mon temps pour boire.

— Qui aurait cru que des gars de votre âge avaient une aussi bonne descente ?

Amra buvait plus que nous trois réunis.

— Et toi, t'as combien ?

— Vingt-sept ! annonça-t-elle en se penchant. La note, c'est pour l'aut', là…

Et elle se dirigea vers la table voisine.

— Tu crois qu'elle est vierge ?

— Aussi immaculée qu'un portefeuille de serveuse !

Amra présenta l'addition au Fritz.

— Ce produit-là…, demanda, un peu gris, l'ingénieur d'Unis en montrant Amra. Pour la norme, c'est bon ?

— *Das ist über standard, Hern Residbegovik*[1] !

— Alors, nous aussi, on va l'introduire cette norme ! Dis, petite, travailler à Unis, ça te dirait ?

1. (En allemand dans le texte) : C'est hors norme, monsieur Residbegovik !

Amra passa devant la fenêtre, sa jupe noire faisait obstacle aux rayons de soleil qui filtraient du dehors. Quand le Fritz éméché tenta de la toucher, elle esquiva sa main et lorgna de mon côté.

— Vous, les Balkaniques, la standardisation, ça vous échappe !

Le Fritz s'exprimait en véritable ingénieur de l'esprit ; moi, j'avais l'œil rivé sur la fente de la jupe d'uniforme.

— Hé, chuchota Ćoro tandis que Crni engloutissait une escalope viennoise salade verte. Faudra se casser s'ils nous découvrent !

— T'inquiète, j'ai la situation sous contrôle !

— Le contrôle, rétorqua Ćoro en désignant Amra d'un coup de menton, il t'en a mis plein la vue…

Amra revint s'asseoir à notre table.

— Mon livre préféré, lui confiai-je, c'est *Catcher in the Rye.* Tu as lu du Salinger ?

— Du… quoi ?!

— Ça parle de devenir adulte.

Clairement, elle ne lisait pas.

Subitement, une voix connue :

— C'est vous qui êtes de service ?

— Effectivement ! se rengorgea Amra.

— Nous emmenons deux voleurs à la tire à Konjic, et j'ai pensé les placer dans le compartiment postal. Après la volée qu'ils ont ramassée, ils se sont pissé dessus, et je me suis dit que c'était pas trop classe de montrer ça à des enfants !

— Y en a pas ici ! Ça signifie donc que voir des voleurs pleins de pisse, ça doit être réservé aux adultes ?!

— Non, petite, pas du tout. Dis-moi juste où se trouve le fourgon de la poste.

— Tout là-bas.

— Tiens donc, Momčilo ! Qu'est-ce que tu fabriques là ?

C'était Moustache, celui qui nous avait arrêtés à Crni vrh.

— Salut, Moustache ! Vous n'êtes plus à Gorica ?

— Ils m'ont donné de l'avancement ! Bon… davantage de boulot mais, Dieu merci, davantage de sous aussi !

Crni, le premier, s'éclipsa ni vu ni connu, puis à son tour Ćoro se carapata dans les toilettes.

— Où il est, ton oncle ?

— Là-bas, je crois. Encore à la gare… Mais il sera à Kardeljevo.

— Comment ça, il est resté à Sarajevo et il sera à Kardeljevo ? Il peut donc se trouver à deux endroits en même temps ?

— Non, répondit Amra en indiquant aux policiers le chemin jusqu'à la cabine de pilotage. Il veut dire que son oncle arrivera dans sa Mercedes et qu'ils se retrouveront là-bas…

Lorsqu'elle revint, elle me saisit le bras :

— Arrive ici !

— Tu m'emmènes où ?

— Les endroits où ça craint, j'adore. Pas toi ?

— Moi, je fais plus dans le classique…

— C'est à mourir d'ennui ! Mon meilleur moment, ça a été quand le vieux à Škorić, il est mort !

— Entre les bras d'un homme, une femme peut trouver une protection contre la mort.

Mon attaque philosophique surprise tomba à l'eau. Amra me serra plus fort contre elle et me pressa la main.

— Pourquoi tu te défiles ? demanda-t-elle.

— J'ai personne qui est mort, bredouillai-je en chevrotant d'émotion.

— Tu vas trouver ça bon…

Elle m'emmena sur la plate-forme entre deux voitures, sortit une clé spéciale et condamna les deux portes d'accès. Adossée contre l'une des portes, elle releva sa jupe et, du regard, me cloua sur l'autre. Ses cuisses faisaient comme des éclairs devant mes yeux, ses jambes étaient beaucoup plus longues qu'il y paraissait. Le martèlement régulier des roues sur les rails produisait un rythme familier. Alors que mes pensées m'emportaient vers la poésie, elle me coinça dans le creux d'une jambe, monta son genou le long de ma hanche, pointa sa langue vers mon oreille :

— Je vais imaginer que tu es James Brown…

— Pardon ?

— Y a pas de pardon !

— Tu n'as personne de plus beau ? demandai-je, avec des trémolos dans la voix.

— Peut-être qu'il est moche, mais qu'est-ce qu'il joue bien !

Elle abaissa sa main vers mes genoux, déboutonna ma braguette, et je me sentis comme Sony Winston mis K.-O. par Mohamed Ali d'un direct au front. Moins la douleur ! Mon enfance s'envola dans la grande courbe à proximité de Konjic.

Mon heure a sonné…, me dis-je.

La voix de Ćoro mit un terme à la manœuvre. Du toit, il passa la tête.

— Moustache nous a repérés. Faut se barrer !

— Moustache… quelle moustache ?

— Le flic, andouille ! C'ui qui nous a chopés à Gorica ! Tu t'accroches au marchepied, le train va ralentir dans la courbe, et tu sautes !

Pour un faux témoignage, on prend combien ? me demandai-je tout en courant vers la voiture de queue.

Mon père avait raison : pour être adulte, fallait danser. Sauter de la dernière voiture n'était pas une mince affaire, mais traverser la forêt était toutefois plus sûr et entendre crisser sous nos pieds plus rassurant que la dernière fois où nous avions détalé après avoir chapardé des poules. Du sable et le rouge à lèvres d'Amra se mélangeaient dans ma bouche. Ne pas avoir eu à parler avec elle – après – m'allait très bien. Qu'aurais-je pu lui dire ? Pousser des grognements d'ours ? L'entretenir de la bravoure des femmes ? Évoquer Jeanne d'Arc, y aller de ma petite larme sur la mère de Momo Kapor, m'appesantir sur les exploits des femmes dans l'histoire, et en réalité transgresser les interdits ? Tout cela combiné faisait pleurer mon père !

Après notre course dans la forêt, l'escalope viennoise réglée par l'ingénieur allemand nous remonta. Crni vomit le premier. Près d'un hêtre, Ćoro déposa lui aussi sa gerbe.

— Et merde ! Quand ça veut pas, ça veut vraiment pas !

— S'en mettre plein la lampe, pas payer la bouffe, d'accord. Mais pas tout dégobiller après !

— Alors, Amra… C'est un bon coup ?

— Comment veux-tu que je sache, on a parlé littérature.

— Hé, dis donc, l'écrivain ! Tu me prends pour Moustache ou quoi ?!

Mes pensées sinuaient derrière le train qui avait emporté le petit garçon que j'étais. Nous arrivâmes sur la route en riant comme des fous. Moustache nous faisait bien marrer.

— Comment il a dit, déjà ? Que voir des voleurs pleins de pisse, c'était pas cla-a-a-asse ?!

— Franchement, les mecs, intervint Crni, j'avais pas autant rigolé depuis l'enterrement de ma tan-an-ante !

Au bout d'un chemin forestier surgit un camion. Sur-le-champ, Ćoro reconnut celui d'une entreprise privée – les plaques d'immatriculation n'étaient pas rouges. Il agita le bras, le camion s'arrêta.

— Tu viens de Sarajevo, pays ?

— Oui, répondit un type à tête cubique en baissant la vitre de son *Tatra*. Les flics ont établi un barrage, ils en ont après trois gars qu'étaient dans le train de Kardeljevo.

— Tu vas de quel côté ?

— Jablanica. Allez, un avec moi, et les deux autres sous la bâche.

— On va aller tous les trois derrière.

D'un coup de menton, il nous invita à monter.

— Au fait, je suis pas ton pays. J'ai rien d'une patate ! ajouta-t-il.

— T'as dit quoi, là ?

Ćoro était prêt pour la bagarre.

— Au fait, ton frangin, il s'appelle pas Ćelo ? reprit le type.

— Si.

— En 66-67, j'ai fait deux ans de cabane avec lui à Zenica.

— Sans blague ? Komadina… c'est toi ? T'as été en tôle avec Miralem ?

— Un an et onze mois ! C'est vrai que j'ai décroché, mais je connais la musique. Allez, grimpe ! J'en ai plein le cul de faire le chauffeur !

— Toi t'es en manque d'adrénaline, lui dit Ćoro en se tournant vers moi :

— Ça s'appelle comme ça, hein ?

J'acquiesçai d'un signe de tête.

Une fois Ćoro et le chauffeur dans la cabine, et Crni et moi dans la benne, le camion démarra. Le chauffeur relâcha brusquement l'embrayage, et l'impulsion nous expédia, Crni et moi, de l'autre côté.

— Hé, pays ! criai-je. Doucement !

Le chauffeur se retourna en répétant :

— J'ai rien d'une patate, moi !

— Tu sais quoi ? me lança Crni. Il t'emmerde, Momo Kapor ; et toi aussi, tu le fais chier ! Quand je pense qu'on aurait pu se faire le kiosque rue Jovanica peinardement, puis se taper une grillade chez Gojko à Jablanica ! On a peut-être bouffé gratos, mais on a tout dégueulé !

Crni s'assoupit rapidement. Et je fermai les yeux. Nous dormîmes en nous habituant à rouler d'un côté et de l'autre. Soudain, le camion stoppa. À travers la bâche, la lumière bleue d'un gyrophare. Puis la voix d'un policier.

— Vous n'avez pas croisé trois criminels ? Tous en costume. Des types dangereux qui se présentent sous une fausse identité et volent dans les trains.

— Non, personne, répondit le chauffeur en présentant ses papiers.

— Derrière, tu transportes quoi ?

— Rien. Pouvez vérifier.

Le second policier s'éloigna, revint avec une torche, souleva la bâche. Nous nous tassâmes contre le hayon.

Ramassés sur nous-mêmes, nous nous fîmes tout petits. La torche éclaira l'intérieur, le faisceau de lumière balaya de gauche à droite. La main du policier s'immobilisa au-dessus du hayon, juste au-dessus de ma tête. Je respirai par le nez, la nuque plaquée au sol. La torche s'arrêta à un millimètre de moi, le policier sentit l'air chaud qui s'échappait de mes narines.

— Putain ! Ils sont là ! Chope l'autre !

Le policier hurla de peur, je pris un coup de torche sur le crâne. D'un bond, je fus debout. La torche s'étant cassée, il n'y eut plus de lumière. Tout n'était que cris et jurons. Je tombai du camion, percutai l'autre policier qui s'affala. De la cabine, Crni sauta sur le capot de la Zastava, et la lumière bleue du gyrophare s'éteignit suite au choc. Le chauffeur et Ćoro décampèrent dans la forêt, coudes au corps. Un coup de feu…

Je crus que quelqu'un s'était fait tuer, mon cœur tambourinait dans ma poitrine, j'avais les idées complètement embrouillées. Je peinais pour gravir la pente. On n'y voyait goutte, appeler les autres était encore prématuré. Dans le ciel, la lune, mais aucune étoile. L'important pour moi, c'était de continuer.

Mais qu'est-ce qui m'a pris d'aller me fourrer dans la peau d'un autre ?! me disais-je.

Penser à Amra m'apporta l'apaisement : ses jambes, rien ni personne ne pourrait me les sortir de l'esprit. Même Mate Parlov[1], je crois. Mon pas devint régulier. À cause du fouillis dans mon crâne, mais à cet instant un hurlement monta de derrière un arbre, je crus voir surgir devant moi un dinosaure échappé d'un musée terrestre !

Je bondis sur le côté, les mains en écran pour me protéger la tête. Et il me sembla entendre Komadina

1. Champion de boxe catégorie mi-lourds. Médaille d'or aux Jeux olympiques de 1972.

et Ćoro se tordre de rire, tandis que, plié en deux, je m'efforçais d'occuper le moins d'espace possible, d'offrir la proie la plus minuscule possible aux bêtes féroces.

— Bande de cons ! hurlai-je. Il est où, Crni ?

— Pas bien loin.

L'instant d'après, « Crniii » se répercutait en écho dans la forêt. Planqué derrière une cabane de chasseur, Crni attendit qu'on fût à un mètre de lui pour nous répondre. Il redoutait un piège des policiers, et attendait, le tournevis à la main. Cet outil pointu traduisait toujours son agressivité, et je ne doutais pas qu'il aurait embroché quiconque marchant sur lui. Un jour devant l'école, il avait planté un Albanais qui s'en était pris à sa sœur.

Non sans peine nous finîmes par arriver à Međeđa, l'un des sommets de la montagne de Prenj où Komadina avait un copain de l'armée.

— Putain ! Dans quelle merde tu nous as fourrés, Momo Kapor !

— La merde, répliquai-je à Crni, elle vient pas de Momo, mais de ton cul !

— Si jamais je me fais coffrer, c'est les œuvres complètes de Momo Kapor que je vais me taper !

— Il en a pas, il est encore jeune comme écrivain, dis-je.

— Moi, si j'étais écrivain, je commencerais par écrire mes œuvres complètes.

— Et pourquoi ?

— Quoi, pourquoi ?! Comme ça, des rayons de la bibliothèque, je pourrais mater le patron en train de sauter la patronne !

Toute la montagne résonna de nos rires jusqu'à ce que Komadina cognât à la porte d'une cabane abandonnée. Dans la seconde, un coup de fusil de chasse lui répondit. Nous nous retrouvâmes tous ventre contre terre.

— Normal, expliqua Komadina qui, après la seconde détonation, se mit à hurler :

— Ismet, fais pas le con ! C'est moi, Komadina !

Puis il nous chuchota :

— Et maintenant… voici crâne d'œuf à longs cheveux !

— C'est possible, ça ?

À la porte, apparut un type chauve avec une longue tresse qui, de l'occiput, lui tombait sur les épaules. Il souriait à pleines dents. Il aurait mieux valu qu'il s'en dispense car, de dents, il n'en avait qu'une.

— Va savoir qui se pointe en pleine nuit… Je me mettais à souper. J'aime pas qu'on me coupe quand je mange. Allez, entrez, entrez donc, ça tombe bien, j'ai justement du rab de viande !

La lampe nue au plafond éclaira notre entrée en clignotant. Dans un coin de la cabine, un chien-loup mâchouillait de la viande crue. Crâne d'œuf à longs cheveux se rassit à la table branlante et se remit à manger. Personne ne pigeait comment il se débrouillait avec sa seule dent. Et pourtant… Notre incertitude se dissipa quand il arracha de la gueule du chien la viande mâchée pour se l'enfourner !

Très vite, nous nous étalâmes par terre et nous endormîmes. Jamais je ne fis de rêve plus atroce ! Toute la nuit, Ćoro me mastiqua l'aorte, dans un flot continu de sang… Je fus incapable de garder ce cauchemar pour moi. À l'entrée d'Ivanjica, j'en fis part à Ćoro.

— Mauvais présage, répondit-il. Et le sang, tu le voyais comment ?

— Très bien, merde ! Il me coulait du cou !

— Quelle couleur ?

— Rouge foncé. T'as jamais vu du sang ?

— Ça veut dire qu'on est mal barrés !

À la gare d'Ivanjica qui surplombait Dubrovnik, nous ressemblions à la bande du début de *La Horde sauvage.* Ćoro clignait des yeux, Komadina remplissait une bouteille d'eau, Crni scrutait les environs, et moi, je bouillais à l'intérieur ! Je relevai mon épaule droite, mais me souvenant que c'était une idée de mon père, je m'empressai de la baisser.

Jamais plus je ne le regarderai ! Hors de ma vue !

Tandis que de l'index, je composais notre numéro de téléphone, je me demandais quand, pour de bon, je serais adulte.

— C'est toi ? demanda la voix de ma mère.

— Oui, moi.

— Comment vas-tu ?

— Super bien.

— Tu sais que Momo Kapor divorce ?

— Comment tu le sais ?

— C'est dans le journal. Sa femme l'a surpris avec sa maîtresse.

— Ils disent n'importe quoi dans le journal ! Et toi, tu réagirais comment s'ils écrivaient pareil pour Braco ?

— Pas une seconde de plus que je resterais avec lui ! Mais mon Braco est en dehors de tout ça, son grand amour à lui, c'est les spritzer !

— Et ton amant, il revient quand ?

— Mon amant ?! Qu'est-ce que tu me chantes là ?

Je fis aussitôt machine arrière.

— Ben, mon vieux, tiens !

— Pas tout de suite. Il est toujours en déplacement, trois jours encore. Mais toi, tu reviens quand ?

— Bientôt. D'ici un jour ou deux.

— Pas dans un jour ou deux, demain. Tu dois être là à son retour.

Tu-u-ut. Tu-u-ut. Tu-u-ut.

Le crédit d'un dinar épuisé, la conversation s'interrompit. Un bien. Car si elle s'était prolongée, si j'avais encore eu un dinar ou deux, j'aurais annoncé à ma mère que mon père avait une maîtresse. J'aimais ces instants où je me donnais de l'importance ; et c'était là le danger car, alors, il m'arrivait de ne pas tenir ma langue. Déballer une vérité, choquer, j'aimais ça. Afin de surpasser Braco en importance ? Cette fois, j'aurais frimé, mais peu de temps. Parce que j'avais la conviction que ma mère serait partie. Que c'en aurait été fini de notre famille. Et puis, ce n'est pas bien de moucharder. « Les balances crachent le morceau et sont haïs et des malfrats et de la police », disait mon père.

Je ne voulais pas qu'on me haïsse parce que je ne savais pas haïr. Dans mon cas, la colère dissolvait la haine. Mais, quand même, comment admettre que mon père avait une autre femme ? Et lorsqu'il pleurait en parlant des femmes héroïques, ça n'était manifestement pas du cinéma ! Et c'était bien là le plus déroutant.

Tout à coup, le chef de gare apparut et nous détailla. À voir ses sourcils se hausser l'un après l'autre, il se demandait visiblement comment avertir la police. À la seule vue de Komadina, ses sourcils s'immobilisèrent.

— C'est qui, ceux-là ? s'enquit-il, l'index pointé.

— Ma famille. Ils m'accompagnent.

— L'incorporation, vaillant soldat ?

— Non, la prison. Mais que trois ans.

— Pas de problèmes, déclara le chef de quai tandis que le petit train Ćiro gravissait difficilement la pente raide, avant de s'arrêter en gare dans un grincement. Tout sera fait selon le PS[1].

Komadina monta avec son billet, et nous attendîmes le départ du train. Crni en profita pour faire un saut dans le bureau du chef de quai qui, ça ne faisait

1. Pravila službe (littéralement, « règles de service ») : nom d'un livret distribué aux officiers de l'armée aujourd'hui ex-yougoslave.

pas un pli, allait expédier un message à la police de Dubrovnik pour leur signaler la présence dans le train d'individus louches. Alors qu'il s'apprêtait à tourner la manivelle du téléphone, il nous regarda en disant :

— Si vous comptez faire du grabuge ici…

Le temps lui manqua pour aller jusqu'au bout de son idée : Crni lui abattit un panneau de signalisation sur la tête. Il s'écroula, et nous le ligotâmes. Il nous tint compagnie dans les toilettes à l'arrière du train où nous nous cachâmes. Seul Komadina resta dehors. Nous étions convenus que, si les flics arrivaient, il viendrait nous prévenir. Nous étions prêts à sauter par la fenêtre. Crni se glissa entre nous et nous retînmes notre respiration tout le temps que Ćiro ahanait dans la descente vers Dubrovnik.

Soudain, Komadina donna de la voix :

— Décampez ! Vite !

Sauve qui peut ! Nous courûmes le long de Ćiro, et obliquâmes vers un bosquet. Un coup de feu éclata, suivi d'une sommation.

— Arrêtez, ou je tire !

Le policier du train avait tiré en l'air. Nous dégringolâmes la pente en direction du port de Gruž. Était-ce la première fois que quelqu'un entrait à Dubrovnik à toutes jambes ? C'était idiot ! Dubrovnik existait depuis tellement longtemps. Combien de fois des soldats y étaient-ils entrés au pas de charge ? Combien de fois cette ville avait-elle été désertée pour qu'elle conserve cette belle harmonie ?

L'accès au port de Gruž empestait le poisson, et nous y importâmes un peu de la puanteur des toilettes du train. Les pêcheurs déambulaient bryamment. À l'extrémité du môle, un jeune gars hirsute était assis, sac au dos, et fixait la mer.

— L'aut' hippie, là-bas, dit Komadina, je vais me le faire.

Telle une meute de loups affamés, nous le regardâmes se diriger d'un pas sûr vers l'étranger.

— Tant qu'on a pas fait deux ans de placard, fit observer Ćoro, on est pas un vrai criminel.

Assis à côté de l'étranger, certain maintenant de ne pas être vu, Komadina lui mit deux bourrades bien senties dans les côtes. Le vent charria jusqu'à nos oreilles des plaintes étouffées. Komadina farfouilla dans le sac à dos, puis il le balança, non sans décocher au passage un coup de pied dans le ventre de l'étranger.

— Quat' cents marks, le toxico hollandais ! dit-il en revenant vers nous.

— Les flics ne vont pas nous pincer ?

— Qu'ils pincent qui ils veulent ! lança Ćoro. Moi, faut que je mange, les gars, je crève de faim !

Depuis Ivanjica déjà, j'avais l'estomac qui faisait doublure sur ma colonne vertébrale et, dans les oreilles, le bruit de mastication de crâne d'œuf aux cheveux épineux. Nous dénichâmes une crêperie et commandâmes chacun une double ration. Ça mâchonnait dur, mais nous restions aux aguets et cherchions par où décaniller, en cas de descente de police. Personne en vue. Nous allâmes au café de la ville pour prendre une glace, et vîmes l'étranger qui arrivait du port, en se tenant les côtes, le souffle court.

— *Do you speak English ?* demanda-t-il.

— *Yes, I speak little but good.* Ha ! Ha ! Ha !

— *My wife left me alone…*

— *You married ?*

— *Yes !*

— *Oh yes, you foreigner !*

— *Yes I am foreigner and I am married, but my wife is gone with Galeb !*

— *Galeb ?*

— *Rock star from Zagreb ! And she took all my money !*

À partir de ce moment, sans pour autant l'avouer, je ne compris plus rien de ce qu'il racontait. L'anglais de mes disques m'abandonnait lâchement !

— *Money ?*

— *Yes, all my money is gone !*

— *So you foreigner in the marriage ?!* dis-je sans certitude de l'exactitude linguistique de ce que j'avançais.

— Ça veut dire quoi, tout ça ?! intervint Ćoro.

— *You foreigner in the marriage ?* répétai-je.

L'homme sourit.

— Qu'est-ce qu'il dit ?

— Qu'il est étranger dans le mariage.

— Mais merde, ça veut dire quoi ?!

— Sûrement qu'il se sent étranger dans le mariage, sa femme l'a plaqué pour se tirer à Zagreb avec un rockeur.

— Étranger dans le mariage… Il sort ça d'où ? Ça serait pas d'après *Strangers in the Night* de Frank Sinatra ?

— Explique-lui bien que s'il tient à la vie, faut qu'il bosse pour nous.

— *Do you want to work ?*

— *Whatever, I am ready, I need the money to get some haschisch and go home,* dit l'homme en se massant les coudes et en grimaçant du nez.

Au mot haschisch, Ćoro explosa et, la tête entre les mains, leva les yeux au ciel. Les accros, il ne supportait pas.

— Mais merde ! hurla-t-il en bottant les fesses de l'étranger. Pourquoi tu me fais ça à moi ? Putain de Hollandais, sale camé ! Fous le camp !

Komadina s'interposa :

— Laisse-le ! Il va nous être utile.

Au bout d'une rue qui donnait sur l'entrée de l'hôtel Argentina, nous attendîmes qu'une femme à gros nez pose les volets sur les fenêtres de son kiosque. Les cigales stridulaient, et des questions saugrenues me traversèrent l'esprit : quel bruit font-elles quand elles copulent ?

Planqués dans un bosquet, à distance les uns des autres au cas où les flics débarqueraient, nous étions prêts pour la bagarre, le regard rivé sur Gros Tarin qui, une fois le kiosque fermé à clé, monta avec un homme dans une Skoda Mb 1000. Lorsque la voiture s'éloigna, l'étranger s'approcha du kiosque, fractura la porte de derrière, et rafla tout ce qui lui tombait sous la main. Tremblant, il nous rapporta des brassées de lames à rasoir, de rasoirs Bic, de chewing-gums, de porte-clés – ce dont nous n'avions strictement rien à faire.

Au coin de la rue, se découpait une grosse BMW. La seconde d'après, elle se retrouva remplie de ces articles inutiles et de petits délinquants venus de Sarajevo.

Sur la route de Makarska, Komadina demanda :

— Vous croyez que les flics arriveront à nous coincer en *tristać* ?

— Ils peuvent toujours y aller ! fanfaronna Crni.

— Ils sont déjà revenus, dit Ćoro en buvant une gorgée de la bouteille de rakija qu'il passa à Komadina.

Dans le rétroviseur, il montra l'étranger qui s'agitait et tombait sur Crni.

— Oh là, la fumette ! Tu comptes aller où comme ça ? cria Crni quand le Hollandais s'affala sur ses cuisses – ce qui nous fit exploser de rire. Komadina glissa une cassette dans le lecteur et, dès le premier couplet, un chœur retentit dans la voiture :

— « Ma mère, pauvresse que j'adore, avec qui je passe mes journées… »

Nous chantions en martelant le rythme contre le plafond et en nous passant la bouteille qui se vidait à la vitesse de l'éclair.

La rakija monta rapidement à la tête de Crni qui ne tenait pas l'alcool. Il bourra de coups de poing le plafond de la BMW, puis s'en prit à l'étranger. Komadina et Ćoro s'esclaffèrent. Se sentant encouragé, Crni se débraguetta pour pisser sur le Hollandais, qui me suppliait des yeux. J'en profitai pour les séparer en m'asseyant entre eux, et tendis une cassette à Komadina qui l'inséra dans le lecteur. Crni remballa son attirail et m'observa. La cassette se mit à jouer. Personne dans la voiture ne connaissait les paroles.

— *I love you baby, ta-ra-ra-ri-ra-ra… Ra-ra-ra-ra…*

Ćoro ressentit le besoin de taper dans le plafond, et Crni se remit à tabasser l'étranger en me passant par-dessus. Je n'aimais pas ça :

— Pourquoi tu frappes notre étranger dans le mariage ?

— Tu le plains ?

— Quel rapport avec moi ? Il te fait rien, et tu le cognes.

— Ça te fait mal au cul ?

— Moi, je pète la santé, mais si ça te fait mal de ce côté-là, faut voir un toubib !

Crni était du genre à ne pas lâcher prise, mais il évitait généralement de me chercher. Là, il était fou de rage ; il recommença à frapper plus fort encore. Le climat se détériorait. J'avais un mal fou à les séparer.

— Tu l'aimes mieux que moi, c'est ça ?!

— Arrête de le frapper ! Tu m'emmerdes.

— C'est moi qui t'emmerde !

Ćoro s'évertuait à chanter en anglais – quelle rigolade ! Ainsi ma prise de bec avec Crni fut reléguée au second plan. Quand la BMW fit halte dans une station-service, Komadina baissa sa vitre et appela le pompiste en uniforme de l'INA[1] :

— Des problèmes ?

— Non, Dieu merci !

— Dans ce cas, on est là pour t'en créer !

Et il attrapa le pompiste par le colback.

— On travaille pour les flics, hein, pédé ?

— Mais non, je vous jure !

— Non ?

Komadina lui mit une grande claque.

— Mais non ! Sur la tête de mes enfants…

— À partir d'aujourd'hui, tu travailles pour moi ! Tu sors tout le fric de la caisse et tu le mets dans cette poche !

Pivotant sur ses talons, le pompiste tenta de filer, mais fut vite repris. D'un tacle glissé, Crni l'envoya valdinguer, et pendant que Ćoro et lui le ligotaient, Komadina vida la caisse. Le pompier continuait de marmonner à travers le chiffon qui lui servait à éponger l'huile dans les moteurs. Il y avait peu d'argent dans la caisse – le pompiste venait de prendre son service – ce qui lui valut quelques coups de pied supplémentaires de chacun de nous. Car, après notre casse du kiosque à Dubrovnik, notre augmentation de capital était dérisoire.

En rangs serrés, et à vil prix, nous fourguâmes à des vendeurs à la sauvette le butin du kiosque. Avec

1. Industrija Nafte : industrie du pétrole. Compagnie ex-yougoslave, aujourd'hui croate.

le produit des lames à rasoir et des bijoux de pacotille, l'étranger put s'acheter du haschisch et se prépara un beau joint.

Nous arrivâmes fin soûls et à quatre pattes sur la plage de Zaostrog. Celle-ci nous sembla déserte jusqu'à ce que nous découvrions un groupe qui jouait de la guitare et qui s'amusait à l'autre bout. Crni alla les trouver en premier. C'était celui qui avait le moins bu, qui était le plus prédisposé aux embrouilles aussi. Komadina, Ćoro et moi étions allongés sur le sable quand il revint avec un petit gars dans le dos duquel il enfonçait son tournevis.

— Monsieur est de Travnik et souhaite vous céder sa chambre pour la nuit.

Nous nous approchâmes d'un groupe de hippies de Travnik qui, à moitié ivres, nous tendaient de la marihuana.

J'eus du mal à en croire mes yeux : Amra, du train Sarajevo-Kardeljevo, était en compagnie de jeunes Allemands. Ces blondinets imberbes venus d'Allemagne qui ne paraissaient pas être de sérieux clients. Je me levai, l'épaule droite bien haute, et traversai la plage pour retrouver Amra.

La façon de marcher préconisée par mon père ne devait pas obligatoirement s'accompagner d'un cliquetis de fers ! Ce n'était là qu'une petite partie du numéro exécuté selon ses directives. Pourquoi cette idée me revint à cet instant précis, je n'en sais rien. Chaque nouvelle rencontre avec Amra allait-elle désormais soulever ces questions : Pourquoi mon père pleurait-il quand il évoquait les prouesses des femmes ? Pour quelle raison soulignait-il l'héroïsme de Jeanne d'Arc ? Pourquoi ces larmes sitôt qu'il parlait de la mère de Momo Kapor ? Mon épaule remontée arriva la première près d'Amra.

— Dis donc, petit Kalem, tu sais qu'il y a un mandat lancé contre vous ?

— Tu rigoles ?

— Toi, ils ne savent pas qui tu es, mais le moustachu prétend que les deux autres, il les a déjà serrés auparavant !

— Comment tu le sais ?

— Ça, c'est mon secret…

Elle me prit la main et m'emmena vers la mer.

— … J'ai oublié de te le dire dans le train, mais j'ai vu ta photo sur la plage de Split…

— De Makarska !

— Peu importe. Toi et ces deux canailles, vous êtes couchés dans le sable. Et toi, comme un plouc, tu as un paquet de Kent passé dans ton slip de bain !

— C'était pour la dimension internationale de la photo ! Tu l'as vue où, cette photo ?

— Ton vieux s'est vanté à ma sœur. Un sacré mec, voilà ce qu'il dit de toi. Il t'adore !

— Tu me confonds avec un autre.

— T'en fais une tête ! Tu sais ce que dit Momo Kapor dans *Les Notes d'une dénommée Ana* ? « À la différence de la femme, l'homme est polygame ! »

Ça m'agaçait de ne pas savoir ce qu'était la polygamie, mais Amra vint très vite me regarder dans le blanc des yeux.

— L'homme marche au changement ! Il lui faut plusieurs femmes !

Une volte-face, et elle partit vers le rivage. Elle ôta son pull puis aussitôt ses autres effets ; et elle courut dans l'eau. Je voyais son dos, sa colonne aux vertèbres saillantes qui, soutenue par de solides muscles jusqu'à son cou de cygne, divisait son dos en deux parties égales. On eût dit qu'un sculpteur lui avait façonné les épaules. Elle avait sûrement pour ancêtre un cavalier venu du désert.

Est-ce que toutes les jolies filles viennent du désert ? me demandai-je.

Quoique troublé par l'histoire de mon père, je m'élançai derrière elle en enlevant pantalon, chemise, pull et chaussures. La seule chose qui me gênait en cet instant, c'était la drôle d'impression de jouer dans un film américain où l'on voyait deux jeunes gens qui s'aimaient. Il ne manquait plus que les chutes à vélo, les tours de manège, la dégustation de glaces, et le réveil sur la plage en disant :

— *I love you !*

— *I love you too !*

J'entrai à mon tour dans l'eau en courant, conscient que se profilait la suite de l'histoire initiée dans la courbe de Konjic où l'enfance s'était envolée. Et, en effet…

— On dégage, les flics ! cria soudain une voix, brisant le silence de la plage.

Couché sur le ventre chaud d'Amra, j'ouvris les yeux.

Main dans la main, nous fonçâmes tous deux vers la BMW. J'ouvris la malle, j'attendis qu'Amra y soit montée, puis je sautai dedans et refermai le capot. À l'extérieur, j'entendais des cris, la confusion.

— Dis, petite… On peut dire que tu es ma maîtresse ?

— Ça dépend.

— Ça dépend de quoi ?

— Si tu as quelqu'un ou pas.

— J'ai personne.

— Alors, comment veux-tu que je sois ta maîtresse, idiot ?

Nous pouffâmes, tous les deux. Soudain, une portière claqua, et des voix, un instant, gâchèrent notre plaisir.

— Halte, ou je tire ! cria-t-on.

Pas de quoi nous effrayer ni nous empêcher de rire ; et même, nous n'aurions pas pu nous retenir. La voiture démarra en trombe : brusques coups de frein, changements de vitesse, accélération pied au plancher, virages attaqués sèchement – tout prêtait à rire. Mais bientôt le crissement des pneus et le bruit des freins se turent pour laisser place au silence. Et, quand Ćoro ouvrit le coffre, il découvrit un corps à deux têtes qui se gondolait.

— Faut pas trop rigoler avec cette bagnole, décréta Komadina. Elle va nous faire repérer.

Nous extraire du coffre fut aussi épique que de nous enfuir de la plage. Un millimètre nous séparait d'un ravin. Une fois sur la terre ferme, j'avais l'impression d'être sur un réchaud tant la plante des pieds me brûlait. Nous nous trouvions au bord du ravin, et regarder dans le vide avait quelque chose d'à la fois effrayant et attrayant.

— La proximité de la mort, chuchotai-je à l'oreille d'Amra, c'est ça ?

— Tu n'as rien compris. Il faut qu'un proche meure pour que ce soit l'extase !

— Une fois chez moi, je tue mon vieux !

Elle éclata de rire.

— D'après ma sœur, il est doux comme le miel !

Tout sourires, Komadina poussait la voiture volée dans le ravin, les fesses appuyées contre le capot. Tandis qu'elle dégringolait dans le précipice proche de Živogošće, une bouteille de champagne passa de main en main. La BMW s'embrasa avant d'avoir touché l'eau – une colonne de fumée allait s'élever longtemps en direction du ciel.

— J'aurais cru que cette saloperie de caisse plongerait dans la mer bien plus vite, dit Komadina.

— C'est pas un camion, quand même !

— Ne me parle plus de camion, j'en ai fini de faire le chauffeur !

Je ne sus pourquoi, mais Crni se mit soudain à hurler :

— Allez, Momo Kapor… accouche ! Pourquoi t'es sans arrêt à me faire chier ?!

— Frapper quelqu'un pour le plaisir, c'est pas normal.

— Pas normal… C'est ça !

Et il gratifia l'étranger d'un grand coup de poing. Celui-ci tomba et, sans broncher, entreprit de se remettre debout. Mais, pesant de tout son poids sur sa semelle, Crni le plaqua au sol. Je bondis pour relever l'étranger, lui pris le bras, mais Crni, par-derrière, me frappa dans les côtes. J'étais loin d'imaginer qu'il s'en prendrait à moi. Dans la bande, tout le monde me savait plus fort que lui. Sans doute me jalousait-il à cause d'Amra – depuis toujours, il répétait qu'il épouserait une brune aux yeux rosés comme Liz Taylor.

— T'as donc choisi de te faire dérouiller, dis-je en retroussant mes manches et en détachant ma montre pour la passer à Amra.

— Allez, s'interposa-t-elle, arrêtez, vous deux !

— Sûrement pas, rétorquai-je résolument.

Crni fit de même, il enleva sa montre, puis sa chaîne en or et son bracelet. Au beau milieu de la grand-route, nous nous jaugeâmes. Qui allait frapper le premier ?

— Ne te fais pas d'illusion, Crni, je vais te démolir !

— Et moi t'écharper, Momo Kapor. Ta vieille va pourtant te reconnaître…

— Je ne suis pas Momo Kapor ! Et tu sais très bien comment je m'appelle !

— Dans la charpie qu'elle va te reconnaître, ta vieille. Mais seulement à tes yeux !

Plus petit de taille, il pensait que plonger dans mes jambes me décollerait du sol. Raté ! Je lui collai une gauche, suivie d'une droite sur la nuque. Il poussa un cri de douleur.

— T'aimes mieux le Hollandais, hein ? cria-t-il en épongeant le sang de ses lèvres.

Un coup d'œil, et le revoilà qui me fonçait dessus. J'esquivai, mais il parvint à m'accrocher l'épaule avec son tournevis. Le sang jaillit sans que cela m'alertât. Quand il se rua à nouveau sur moi, je le saisis par le cou. Il se dégagea et, avec un mouvement sur le côté, en traître, il tenta de m'assener un coup de boule qui m'atteignit néanmoins au coude. Sous la violence du choc, il perdit l'équilibre. Comme au soir de toutes les grandes batailles, un silence solennel s'installa.

Le souffle court, sur mes appuis, en garde tel un boxeur, je ne quittais pas Crni des yeux. Ćoro s'approcha, lui leva un bras, le relâcha ; le bras retomba, flasque. Ćoro hurla, il ne pouvait dire si Crni était encore en vie. Je brandis le poing au-dessus de sa tête.

— T'en veux encore, dis ?

Nous crûmes tous que Crni était mort.

— Sa tête a tapé le sol, fit remarquer Komadina.

Ćoro secoua le corps inerte qui lui glissa des mains. Il fondait en larmes pour des choses nettement moins graves.

— Jamais p'us je pourrai prendre un café avec lui au foyer des Invalides…, sanglota-t-il.

Comment croire que mon copain était mort ?! Mon père pleurait sur le rôle des femmes dans l'histoire, et moi, parce que j'étais un assassin ! Dieu du ciel, mon père avait de la veine ! Si ce qu'Amra racontait était exact, il menait une double vie ; la voilà sa vérité, il avait trouvé l'équilibre. Mais ma vie à moi ? Elle était fichue…

— Non, Crni, fais pas ça… Je t'implore, comme le bon Dieu !

Les yeux levés au ciel, je criai pour que quelqu'un là-haut, je ne sais qui, m'entende et interdise à Crni de mourir ! Tout à coup, une violente douleur me paralysa, du sang chaud me gicla du ventre.

Crni n'est qu'un loup… Le truc du loup chez Sejdić, me dis-je en gémissant.

Crni avait feint d'être mort, puis, lorsqu'il avait été certain que son coup porterait, il avait planté son tournevis dans mon ventre. Avant de m'en poignarder plusieurs fois encore. Mon cri dut porter jusqu'à la mer, et au port de Živogošće. Crni se redressa, se mit sur les genoux, puis bondit pour saisir une pierre et m'achever. Amra commença à le frapper avec son sac avant de hurler de terreur devant les traces de sang sur la route. Je n'avais mal nulle part, le sang coulait à flots de mon corps, tombait sur mes cuisses. Je sentais sa chaleur sur mes pieds. Ćoro et Komadina attrapèrent Crni par les bras. Je parvins à me tourner de côté et à repousser l'ennemi déchaîné. Debout, il se mit à me bourrer de coups de pied.

— Tiens, Momo Kapor, prends ça ! Sale pute à Hollandais !

Il se retourna vers l'étranger et agrippa son tournevis. Il leva le bras pour frapper.

— À toi, maintenant. Je vais te faire la peau ! cria-t-il.

De peur de mourir, l'étranger dans le mariage s'enfuit tel un dément. Il courut, sans cesser de regarder derrière lui. Dans le virage, il voulut s'assurer que Crni ne le poursuivait plus. Mais Crni stoppa brusquement sa course en apercevant les phares d'une voiture. Une Fiat de la police déboucha du virage à toute vitesse et renversa l'étranger. Un bruit sourd, une culbute, une dégringolade. Un lourd silence tomba. Seul le hululement funeste d'une chouette réussit à le troubler. La situation avait beau être critique, la même question me revint à l'esprit : « Quel bruit les cigales font-elles quand elles copulent ? »

Ma mort serait-elle la suite logique des événements ? Après le plaisir et les sommets auxquels Amra m'avait mené, était-ce la fin ?

Rien n'est aussi chaud que le sang, rien n'est aussi mystérieux que ce liquide. Voyant mes forces m'abandonner, Amra se mit à pleurer comme s'il s'agissait là de notre ultime séparation. Komadina s'épouvanta à la vue de la mare de sang dans laquelle mes pieds baignaient.

À la lumière des phares de la *tristać*, les policiers s'agitaient : à quelque cinquante mètres de nous, des ombres affolées allaient et venaient entre la voiture et le corps sans vie de l'étranger. Les silhouettes se croisèrent d'abord au-dessus de sa dépouille, puis s'immobilisèrent non loin du sac que le choc avait envoyé valser sur le côté.

— J'appelle le poste ?

— Appeler le poste ? Mais, t'es con, ou quoi ! Tu veux qu'on fasse de la tôle à Zenica pour un hippie ?

— Non…

— Alors, donne-moi un coup de main. Faut l'enlever de là !

Ils emportèrent le corps et le jetèrent dans une doline qu'éclairait un réverbère à la sortie de Živogošće. L'un des policiers retourna à la voiture prendre un bidon et un tuyau ; il se mit à siphonner l'essence du réservoir pour la transvaser dans un bidon. Il revint en courant. L'étranger fut aspergé d'essence, et ils mirent le feu. Malgré les flammes, les policiers s'agacèrent de ne pas le voir brûler suffisamment vite.

— Putain de Hollandais, il veut rien savoir !

— Les os pleins d'humidité qu'ils ont, ces gens-là, avec leur putain d'océan !

— Faudrait un brûleur, suggéra l'autre policier.

La voiture redémarra, parcourut une centaine de mètre en marche arrière, puis, dans un crissement de pneus, repartit à toute allure en direction de la ville. Les ombres disparurent avec les phares, seul un chien gémissait dans le lointain ; la lumière à l'entrée de Živogošće clignotait suite aux baisses de tension du courant électrique.

À leur retour, les policiers rallumèrent aussitôt le feu avec le brûleur et, très rapidement, le corps de l'étranger fut réduit en cendres.

Des flots de sang s'échappaient de mon corps, peu à peu l'image devant mes yeux s'éteignit. Je vis les policiers mettre les cendres dans une boîte de conserve dorée tandis que Komadina et Amra me traînaient vers l'avant. Le clair de lune illuminait la traînée de sang sur la route derrière mes pieds. Quand la lumière disparut totalement, Komadina déchira sa chemise, attrapa ma main et l'appliqua fortement sur mon ventre, à l'endroit de l'hémorragie. Une voiture freina, des pneus grincèrent.

— Appuie là, tu m'entends ? dit Komadina en nouant sa chemise autour de mon ventre.

— Que s'est-il passé ? demanda un policier descendu de voiture.

— Vite ! supplia Amra. Il va se vider de son sang si on ne l'amène pas aux urgences. Il va mourir dans nos bras…

— Que s'est-il passé ? répéta le policier.

— Un drogué l'a attaqué. Il s'est introduit dans sa tente, et il l'a planté !

— Avec quoi il a fait ça, cet enfoiré de toxico ? demanda le policier en regardant son collègue.

— Un tournevis.

— Un… tournevis ? Mais c'est un pervers ! Je te le disais, ça rigole pas avec les drogués !

Plus d'image. Apparemment le tube cathodique de la télé venait de péter.

Je me retrouvai nu comme un ver, étendu sur la table d'opération de l'hôpital, un drap blanc remonté jusqu'au menton. On me rouvrait les yeux. Les doigts d'Amra, me sembla-t-il. Une infirmière se pencha au-dessus de moi, elle tendit mon bras, rajusta le petit tuyau de plastique qui reliait la perfusion à ma veine.

— T'as plus de chance que de tête ! Encore un peu, il t'éclatait la vésicule !

— Putain de camé ! jura l'un des policiers.

Il regarda l'infirmière qui refaisait mon pansement, attendit qu'elle s'en aille chercher des compresses, jeta un coup d'œil alentour. Les deux policiers chuchotaient tous les deux. Le plus grand sortit la boîte de conserve. Ils envisageaient de disperser les cendres par la fenêtre, sur la lavande de la cour de l'hôpital. Bien qu'on fût toujours le matin, le *maestral* s'était déjà levé à Makarska. Le policier ouvrit la fenêtre et entreprit de vider la boîte. Il suivit les cendres des yeux, le vent les emportait par-dessus la lavande en fleurs, en direction de la mer. Un brusque courant d'air rabattit les cendres dans la chambre. Le vent en saupoudra d'abord le visage du policier, puis propulsa un nuage tourbillonnant vers Komadina et Amra. Ils ne comprirent pas que l'étranger, sous sa forme désormais éternelle, leur revenait en pleine figure. La scène vira à la comédie hystérique. La douleur dans le ventre bloquait mon rire, mais je me gondolai à voir le policier s'obstiner, lutter contre le vent qui faisait tournoyer les cendres dans la chambre, puis gesticuler pour leur faire réintégrer la boîte. Les deux policiers ignoraient qu'Amra, Komadina, et moi avions été les témoins de leur méfait. L'infirmière, qui n'en savait rien non plus, revint pour changer mon pansement.

— Pas d'hémorragie pendant mon service, hein ? dit-elle en me voyant rire.

— N'aie crainte, j'attends ta collègue. Paraît qu'elle est meilleure que toi !

— Tu vas te vider, mon gars !

L'autre policier me considéra, avec l'air d'avoir compris que l'histoire de l'étranger dans le mariage – désormais en cendres – ne risquait pas un jour de s'ébruiter. Cette vérité scellait entre nous un match nul. Je n'aurais pas su dire si couvrir un meurtre, c'était mentir. Selon les règles des éclaireurs estafettes, c'était une certitude : faire le silence sur un crime n'est pas mentir. Mais dans la vie ? De toute cette histoire, qu'allais-je pouvoir dire une fois chez moi ? Taire les grandes vérités constitue-t-il un gros mensonge ? Une chose était sûre : les policiers étaient arrivés à point nommé, sinon, à l'heure qu'il était, je mc trouverais en compagnie de l'étranger à chasser les daims sur les gobelins de Wiehter. La vie et la mort s'étaient emmêlées sur nous avec les cendres d'un touriste hollandais ; et dès l'instant où le vent était tombé, un point final fut mis à l'aventure de Momo Kapor.

— Comment je vais rentrer chez moi ? demandai-je.

— Qui parle de rentrer chez toi ? Tu viens chez moi !

— Tu me vois arriver comme ça devant ma mère ?

— Pour ton père, je peux t'arranger le coup avec ma sœur.

— Je ne veux plus jamais entendre parler de lui !

Amra prit l'affaire en main ; son cousin Fahro vint avec sa Ford Taunus qui brillait de mille feux – sauf que le désodorisant mêlé à l'odeur de plastique et de mauvaise tôle, ajouté à celle du tapis de sol mouillé, piquait les yeux, pire que les toilettes du chemin de fer ! Et je rentrai à Sarajevo les yeux mi-clos.

Depuis ma toute première visite à ma tante de Zenica jusqu'à ce moment-là, rentrer à Sarajevo m'avait toujours angoissé. J'ignore quels étaient les horaires des trains, mais tous avaient ceci en commun : le retour s'effectuait toujours au crépuscule ou aux aurores. La lumière jaunâtre derrière les fenêtres des nouveaux bâtiments et celle tamisée des abat-jour me remplissaient d'inquiétude.

Dans notre immeuble, je vis que notre cuisine était allumée. J'imaginais l'angoisse de Braco et Azra, et cela me tourmentait. D'ailleurs, rien que de penser à Braco, ma température corporelle s'élevait d'un coup. Le soulagement me gagna lorsque je posai le pied dans la cour d'une maison sans étage, au 53 de la rue Goruša. Elle me parut tellement plus agréable que celle où m'attendait la future rencontre avec mon père.

À force de fixer la lumière jaune du plafond, je ne tardai pas à m'endormir. Vers minuit, je fus réveillé par quelqu'un qui toussait dans la chambre voisine, puis par les éclats de rire d'une femme. Me dégager des bras d'Amra ne fut pas facile, et gagner la salle de bains encore plus pénible car les élancements dans le ventre ralentissaient mes pas. J'allumai et, au moment de prendre un comprimé, quelqu'un entra. Dans le miroir, j'aperçus… mon père, Braco Kalem ! En chair et en os !

— Toi, ici ? s'étonna-t-il.

— Moi.

— D'où tu sors ?

— Et toi ?

— Mais je te croyais à Jablanica, au lac…

— Tu n'avais pas un « boulot important » à Belgrade ?

— Je suis rentré hier soir.

En combinaison de soie, petite, les yeux curieux et la poitrine opulente, la sœur d'Amra débarqua dans la salle de bains.

— Ne serait-ce pas le petit Kalem ? Waouh, Amra avait pas menti ! Une vraie poupée !

— Pour celles dans ton genre, je suis pas une poupée !

— Et je suis quoi, moi ? Allez, dis-le !

— Une pute !

Ma main partit et j'attrapai la maîtresse de mon père par les cheveux. Elle hurla, et mon père se planta devant moi.

— Lâche-la !

— Toi !

— Quoi, moi ?

— Tu pleures comme une gonzesse sur Jeanne d'Arc. C'est pour ce que tu fais ici que tu chiales ?

— Moi, je pleure comme une gonzesse ?

— Oui, toi !

— Surveille tes paroles !

— Fiche-moi la paix !

— Aleksa, tu devrais avoir honte !

— C'est toi, surtout toi qui devrais avoir honte. Faux jeton !

— Je suis ton père !

— Vu ce que tu es, vaudrait mieux pas !

Je n'eus pas de mal à forcer le passage, une petite bourrade l'envoya bouler contre le mur. Bras tendus devant moi, je m'avançai vers sa maîtresse. Il ne parvint pas à me retenir. Elle s'affaissa sur elle-même, et mon père se précipita à nouveau sur moi. Je le repoussai violemment et il perdit l'équilibre, se cogna au lavabo, se rattrapa à l'étagère sous le miroir et entraîna dans sa chute une explosion d'articles de bain.

— Maintenant, je m'entends marcher ! lançai-je en poursuivant la sœur d'Amra.

Sur les carreaux fendus de la salle de bains, une nouvelle goutte de sang jalonnait chacun de mes pas. Ma plaie au ventre venait de se rouvrir.

Plus tard dans la journée, nous nous retrouvâmes, mon père et moi, à l'hôpital de Koševo. Tout ce qui s'y passa se transforma en mensonge.

On mûrit quand on fait sienne cette vérité : un mensonge peut se révéler plus bénéfique que la vérité elle-même. Mais cette prise de conscience restait insuffisante pour accéder à l'âge adulte : la maturité ne vient certes pas avec l'achat de souliers à bouts ferrés et avec le plaisir que l'on prend à s'écouter marcher.

Je ne pipai pas mot pendant que mon père mentait – devenant du coup son complice. Car si Azra avait tout appris de ma bouche, si elle avait su de quelle somme de mensonges était composée la vérité vraie, notre famille aurait volé en éclats – et, dans ce cas, sans nul doute, moi avec elle.

Azra prit sur elle de nous faire sortir de l'hôpital – parce qu'on était dimanche et qu'il ne se trouvait personne d'autorisé pour signer le bon de sortie. Dans le taxi qui nous ramenait chez nous, déjà, elle fustigeait Braco :

— Mais enfin, pourquoi avoir conduit si vite ? Je t'avais demandé de ramener notre fils en respectant tout, bien comme il faut ! Et toi…

— Je n'ai jamais dépassé le soixante, parole !

— Évidemment que si ! Tu sais combien on dénombre d'accidents sur la route de Jablanica ?

— Bon, mes pneus étaient usagés, je l'admets. Mais c'est tout ce qu'on peut me reprocher. Demande à Aleksa…

Il me regarda et, Dieu sait comment, je partis au quart de tour :

— Le pire, ça a été la première averse ! Le sable, l'huile des camions sur la chaussée, et on dérape comme un rien…

Tout en parlant, je fixais Braco des yeux dans le rétroviseur.

— … Tiens, regarde ! Tout ça, c'est suite aux coups de frein, les bosses à force de se cogner devant, derrière ! dis-je, à propos des bleus que je lui avais faits en tentant de frapper sa maîtresse.

Un instant sur la voie de la maturité.

Si tout cela avait précédé les événements sur la route de Makarska, en amoureux de la vérité j'aurais révélé ce qui s'était réellement passé. Désormais, c'était une certitude : deux mensonges avaient donné naissance à une vérité – ma maturité. Les larmes versées par mon père sur les exploits des femmes étaient un mensonge plus éhonté que celui qu'il proférait là. La vérité va toujours de pair avec un mensonge. Heureusement qu'Azra me regardait, sinon j'aurais éclaté de rire. Tandis que le bobard se débitait, je me sentis grandement soulagé de ne pas avoir à raconter les événements tumultueux des dix derniers jours ! Jamais je ne cesserai d'être un éclaireur estafette qui sait quand se taire !

Mon père était au fait des deux grands secrets de ma vie. Le premier touchait à la mort de l'étranger dans le mariage, le second à la maturité d'un jeune homme qui avait eu une maîtresse avant même de se chercher une copine. Je gardai le silence.

La même année, Braco préleva de l'argent sur son troisième mois et le donna à Azra pour m'acheter des souliers.

— Il a dit que je devais t'acheter des souliers, m'annonça ma mère. Et que, grand, on doit porter des chaussures dignes de ce nom !

— On pourra acheter des Madras ? C'est la mode.
— Comme tu veux !

Le temps passa, et les conversations de mes parents restèrent ce qu'elles étaient. Sur la route de Zaton, le lieu de villégiature de la haute société de Sarajevo, je lisais *Philosophie de l'art* d'Hippolyte Taine, certain de me faire recaler à l'examen d'entrée. L'idée de faire architecture ne venait pas de moi, et je ne me berçais pas d'illusions. Il était écrit à un endroit : « Rapport mutuel et dépendance des parties. »

Intelligent, le gars ! songeai-je. On dirait une loi de la nature !

La voix de ma mère me tira de cette philosophie. Elle montrait à mon père un îlot proche de Ston.

— Quelque chose du genre, tu l'auras quand ?

— Jamais. Déjà que je n'arrive pas à entretenir un deux-pièces avec réduit, tu vas vendre la maison de tes parents pour payer les études du fiston, et tu me demandes quand je vais avoir une île ! Que Dieu te garde, tête de linotte !

— Est-ce que je sais, moi ? C'est l'île de Momo Kapor.

— C'était, Azra. C'était. De l'histoire ancienne. Momo Kapor a divorcé, et c'est l'île de son ex-femme.

— Comment tu sais que Momo a divorcé ?

— Mais, enfin, c'est toi qui me l'as dit !

— Ah ?

Braco arrêta la Wolkswagen 1300 C. Azra cueillit de la lavande sur le bas-côté de la route ; Braco et moi contournâmes un rocher derrière lequel on découvrait la mer. La conversation s'engagea malgré tout entre nous.

— Le passé, c'est le passé, déclara Braco alors que nous contemplions le large tout en nous soulageant.

— Sans rancune !

— Je suis au courant de tout, tu sais.

— De tout… vraiment ?

— L'histoire de l'étranger. Et aussi la tienne ; tu as failli y rester.

— Ce n'est pas possible !

— Tout est possible. Amra travaille pour l'Udba[1], au service des étrangers.

— Et l'étranger, alors ?

— Il avait tué deux dealers à Utrecht, puis il s'est fait la belle. Depuis, la police hollandaise le considère comme disparu.

— Soi-disant qu'il avait une femme…

— Une femme ?! Des conneries tout ça…

Le temps amoncelle les traces dans l'oubli, tout comme le fonctionnaire consciencieux empile les factures dans les dossiers. Ma vie, à la fin du lycée, classa dans ces dossiers invisibles des images riches en mensonges et en vérités. J'eus beau garder pour moi l'histoire de ma cruelle vadrouille, la vie m'apprit à mettre la vérité à sa place. Face à elle, il ne faut pas jouer

1. Uprava državne bezbednosti : la direction de la Sécurité nationale.

les imbéciles. Sinon, comment aurais-je découvert la vérité sur mon père, Braco Kalem ? Aurais-je un jour pu répondre à cette question : Pourquoi mon père pleurait-il sur le rôle des femmes dans l'histoire ?

— Super, ces chaussures !

— Je suis content, vraiment !

— Tu veux me rendre un service ?

— Quoi ?

— Si je viens à mourir subitement, il faudra que tu sois le premier auprès de moi ; tu devras prendre l'annuaire téléphonique et le faire disparaître.

— D'accord, répondis-je sans hésiter.

L'évidence s'imposait à moi, je dissimulerais ainsi la vérité : mon père était un étranger dans le mariage. Ce qui effaça mon sourire. Juste sous les yeux, mes premières rides apparurent sur mon visage.

Table

Du même auteur :

OÙ SUIS-JE DANS CETTE HISTOIRE ?, Lattès, 2011.

PAPIER À BASE DE FIBRES CERTIFIÉES

Le Livre de Poche s'engage pour l'environnement en réduisant l'empreinte carbone de ses livres. Celle de cet exemplaire est de :
300 g éq. CO_2
Rendez-vous sur www.livredepoche-durable.fr

Composition réalisée par PCA

Achevé d'imprimer en juillet 2017 en Espagne par
BLACKPRINT
Dépôt légal 1re publication : août 2017
LIBRAIRIE GÉNÉRALE FRANÇAISE
21, rue du Montparnasse – 75298 Paris Cedex 06

14/1225/5